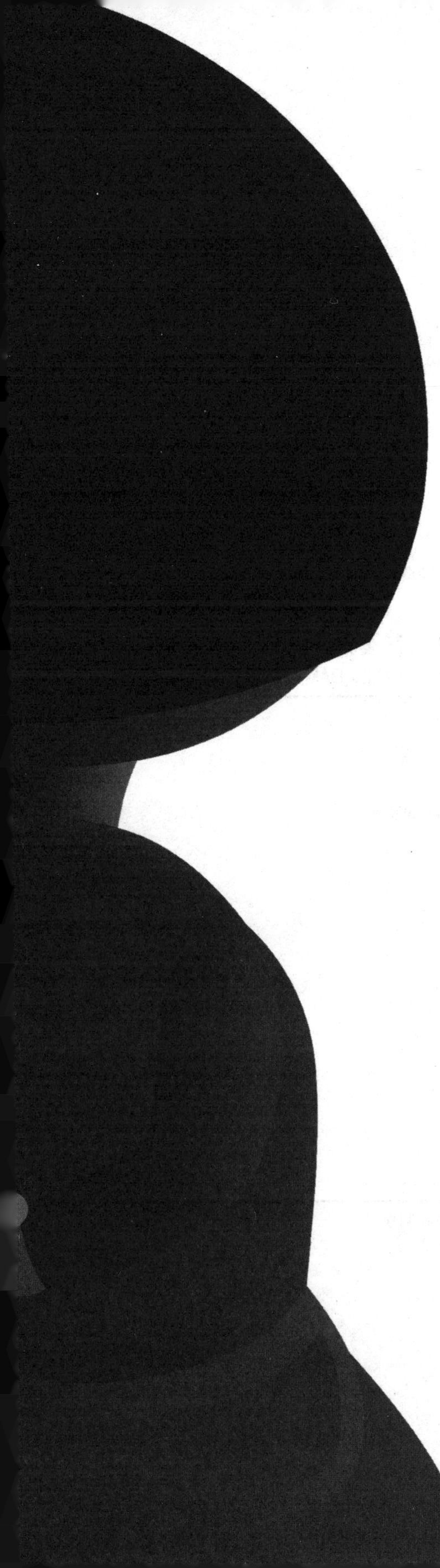

孩子不爱表现 在公众场合露怯 爸妈怎么办？

刘家辉——著

天津出版传媒集团

百花文艺出版社 天津人民出版社

图书在版编目（CIP）数据

孩子不爱表现，在公众场合露怯，爸妈怎么办？/ 刘家辉著．—天津：百花文艺出版社：天津人民出版社，2019.4

ISBN 978-7-5306-7689-9

Ⅰ．①孩… Ⅱ．①刘… Ⅲ．①儿童教育—家庭教育 Ⅳ．①G782

中国版本图书馆CIP数据核字（2019）第024403号

孩子不爱表现，在公众场合露怯，爸妈怎么办？

HAIZI BUAI BIAOXIAN，ZAI GONGZHONGCHANGHE LUQIE，DAMA ZENMEBAN？

责任编辑：黄炳润

封面设计：聂 辉

出版发行：百花文艺出版社

地址：天津市和平区西康路35号康岳大厦　　邮编：300051

电话传真：+86-22-23332651（发行部）

+86-22-23332656（总编室）

+86-22-23332478（邮购部）

主页：http://www. baihuawenyi. com

印刷：北京溢漾印刷有限公司

开本：710mm × 1000mm　1/16

字数：172千字

印张：15

插页：0

印次：2019年4月第1版印刷

版次：2019年4月第1版

定价：42.80元

如有印装质量问题，请与北京溢漾印刷有限公司联系调换

地址：北京市怀柔区桥梓镇前茶坞村南甲18号

电话：（010）51041067 邮编：101402

前言

如果孩子不爱表现，在公众场合露怯会发生什么？——没人跟孩子说话，孩子没有朋友，不受欢迎……这想必是家长最不愿意看到的事情吧？

有些孩子特别内向胆小，对其他同年龄孩子觉得无所谓的事情怕得要命。比如，怕见到陌生人，怕当众讲话，怕和别人打招呼等，不少家长认为，这是孩子的天性，可以顺其自然，孩子长大了就会好的。而且即使孩子长大了仍羞怯得像个古代大姑娘似的，那也是天生性格造成的，那叫内秀，没什么的。

然而，心理学家们经过研究发现，幼年和童年时期的社交恐惧心理若没有得到很好解决，在成年以后就有可能形成严重的社交心理问题甚至是心理障碍。尤其是孩子的恐惧、畏缩受到外界刺激的强化，更容易形成不正常的心理。由此看来，孩子的胆小露怯这个事儿需要家长们引起关注，并及时给予必要、恰当的纠正。

我们先来说说恐惧吧。

恐惧是人类对自身保护以避免受到伤害的一种最常见的反应，对危险产生恐惧是十分自然的。比如，对水、火、电等危及生命的事物的躲避，可以使人免受淹溺、烧灼和电击的伤害。只要这种恐惧不扩展到适当的范围以外，就是正常的。

对幼儿和稍大的儿童来说，在生长发育的某些阶段，有一种大多数同龄儿共同的恐惧对象，如幼儿害怕小动物、怕突然的响声、怕雷电、怕黑暗；五六岁的孩子怕另一些东西，如怕单独睡觉、怕鬼怪故事、怕成人发怒等；学龄儿童由于接触了很多外界事物，可能会对被人嘲笑、恐怖的影视镜头等，甚至一些生活中的琐碎事物更害怕一些。这些都是正常现象，并不是心理问题。但如果未能及时加以解决，可能因偶然事件产生深刻印象，比如上课答错问题被同学嘲笑，因而本身对当众讲话有惧怕的心理就会被强化，以致长大后也害怕在这种人多的场合发言。所以，对孩子的恐惧心理应用适当的方法予以疏导。

孩子产生社交恐惧的原因是多方面的，心理学研究认为，产生社交恐惧的直接原因是中枢神经系统对外界刺激过于敏感，其所做出的反应超出了应有的限度。这种过度敏感一方面与遗传、性格特质有关，另一方面与家长对孩子过分限制、过度保护、缺少尊重等有关，如怕孩子受伤而不让其多活动，不准孩子与外界适当地交往，当孩子有一点小伤病时家长就大惊小怪等。孩子未受到生活的磨炼，自我保护能力低下，反而易受伤害，其恐惧心理甚至会影响到长大以后的心理健康。

家长应采取相应的措施，帮助孩子克服恐惧心理，这对孩子的健康发育是有极大好处的。然而，很多家长并不确定怎么说或者怎么做才能帮助孩子化解内心的恐惧因子，提高社会互动能力。本书从孩子的真正需求出发，开发了帮助孩子建立社会交往能力的实用规则。编者从当今家庭教育的实际情况出发，结合了众多中外教育专家的教育思想和成功的教子经验，从改变家长的教育态度、提高孩子的自信筹码、加强孩子的交往能力、丰富孩子的生活经验、磨砺孩子的坚强意志等方面入手，进行精辟的阐述和详尽的分析，给广大家长们以一语惊醒梦中人的家教启迪。

目录

第一讲

别让胆子，耽误了孩子

有些孩子的胆子很小，他们比同龄孩子表现出更多的恐惧感，害怕陌生人，害怕说话，害怕出头，怕黑怕独处，甚至害怕自己的影子。有些父母觉得，小孩子都这样，长大之后就会好的，但事实上，孩子在幼年时期产生的恐惧心理和胆小性格，如果不及时解决，会对他们的未来有很大影响，严重的甚至可能产生心理障碍，后果不堪设想。

孩子胆小并不是天生的…………………………………………2

孩子的恐惧源于对世界的未知……………………………………4

孩子的社交能力从克服胆怯开始…………………………………7

社交退缩会让孩子付出惨痛代价…………………………………11

怯懦毁人生：最没眼光的合伙人…………………………………14

孩子的胆子取决于父母的教育……………………………………17

第二讲

如何理解孩子的羞怯或者社交焦虑

害羞的孩子大多逃避社交场合，不愿意主动与人相交。害羞会阻碍孩子交朋友、有碍学习和自尊心的形成，也降低了心理适应的能力。害羞的孩子通常会神经过敏、疑惑不安、孤单、沮丧及难交朋友。现在是一个开放的社会，也是一个竞争激烈的社会，相比于羞答答的样子，一个大气的孩子更能适应不断变化的环境。因此，家长必须帮助孩子摆脱羞怯心理。

善于交际的男孩易成功……24
孩子爱害羞，家长真挠头……27
让怕羞的孩子大方起来……31
别逼着孩子在人前表演……33
别给孩子贴上害羞的标签……35
别因为孩子的害羞而责怪孩子……38
孩子怕生，爸妈别着急……39
孩子不敢当众讲话，爸妈怎么做……42
别让孤独带走孩子的笑容……44
帮助孩子远离孤僻的漩涡……47
引领孩子走出社交恐惧症的阴影……51

第三讲

家庭，孕育勇敢性格的温床

每个孩子在成长的道路上都会遇到许多麻烦，包括人际交往的麻烦。在面对这些麻烦时，胆小怯懦的孩子往往没有坚强的意志去克服困难和挫折。而坚强勇敢的孩子则能够凭借自己坚强的意志，战胜困难和挫折，越过障碍和绊脚石，从而取得成功。爸爸妈妈想要消除孩子胆小怯懦的性格，首先就要为他们培养一颗勇敢的心。

不要把男孩养成乖乖宝……………………………………………………54

让男孩顺着阳刚天性成长…………………………………………………57

于生活细处培养勇敢精神…………………………………………………59

不要打击男孩那颗英雄心…………………………………………………63

给孩子找几个英雄来崇拜…………………………………………………66

鼓励孩子的冒险精神………………………………………………………69

帮孩子分清勇敢与粗暴的区别……………………………………………73

第四讲

爸妈放开手，孩子不露怯

不给予孩子锻炼的机会，孩子就会丧失独立的能力。孩子总要学着自己长大，对家长而言，关爱孩子，不妨“该放手时就放手”，培养孩子的自主意识、责任意识与社交能力，而这种“放手”，恰恰是对孩子能力的信任、人格的认可。从家长的角度来看，放手让孩子自己去做事，与其说是锻炼孩子，不如说更考验自己。家长应该适当勇敢些，有勇气接受这种考验。

别把孩子一直兜在襁褓中……78

别用“外面坏人多”，吓破孩子的胆……81

教给孩子自我保护的方法和能力……83

孩子不愿上学，分离焦虑怎么办……85

给孩子闯荡社会的勇气……88

让孩子为自己的过失承担责任……91

让男孩为自己撑起一片天……94

第五讲

培养自信力，让孩子顶天立地

受到关注是人的基本需要，孩子尤其如此。被人关注的孩子，会觉得家长重视他、爱他，大家也都喜欢他。相反，不被人关注的孩子，会认为自己无足轻重，觉得父母并不真的喜欢自己，别人也对自己毫不认可，因而容易失去对自己的信心。而自信心恰恰是孩子成长中的精神核心，是做任何事情的基础。孩子的自信心首先应该从父母那里获得，父母的肯定总是会让孩子感觉非常美妙。

千万不要让孩子瞧不起自己…………………………………… 100
驱散孩子心中自卑的那片影子………………………………… 103
孩子“不好”，也不能嫌弃…………………………………… 106
当众揭短会让孩子感觉很丢脸………………………………… 109
别用消极比较“凌辱”孩子…………………………………… 112
让孩子相信自己一定行………………………………………… 114
你也有比别人强的地方………………………………………… 117
给予孩子更多关注和肯定……………………………………… 120

第六讲

教会社交礼仪，孩子在朋友圈游刃有余

礼仪就是孩子做人的“身份证”，是孩子随身携带的“教养名片”，一个人的礼，就是一面照出他肖像的镜子。家长对孩子进行礼仪教育不是一般的礼貌教育，而是一种道德修养。孩子处于心理与行为发展的关键时期，加强礼仪教育，有助于孩子形成健全的人格，进而促成他们将来良好的社会关系。

彬彬有礼的孩子人见人爱……124

教孩子真诚地说“谢谢”……127

从小正确地教孩子学会谦让……130

教育孩子要懂得平等待人……133

让孩子知错并真诚地道歉……137

让孩子学会由衷赞美别人……143

别让孩子学会了出口成脏……146

培养孩子正确的是非观念……149

第七讲

从家庭沟通开始，让孩子喜欢上说话

语言是社会交际中最基本的交流工具，优秀的沟通和口头表达能力有时甚至比大学文凭和书本知识更加重要。一个会说话的人，往往会快速地赢得别人的高度评价，这种评价甚至会超出他们本身具备的才华。然而，并不是每个孩子都是天生的演说家，因此，父母需要培养孩子开口说话的能力，帮助孩子融入群体，帮助孩子学会打开通往外部世界的大门！

孩子的语言能力要从小培养……154
请给予孩子一个发言的机会……157
不要随意打断孩子的诉说……160
大人说话，孩子可以插嘴……162
允许孩子争辩，提高孩子的辩才……164
鼓励孩子敢于提出自己心中的问题……166
循循善诱，让孩子学会打招呼……168
告诉孩子不该说的话不要说……172

第八讲

循循善诱，培养孩子健康社交心理

渴望友谊和情感交流是孩子尤其是独生子女的一个重要心理特点。然而有不少孩子却时常表现出“自我封闭”的倾向。出现“孤独寂寞”、“没有朋友”的情绪体验。什么样的教育决定了有什么样的孩子。健康的社交心理有助于提高孩子的自信和自尊，降低挫折感，缓解内心的冲突和苦闷，减少孤独、寂寞、空虚的情绪，提高社会心理承受力。只有不良情绪得到有效的排遣，才能形成和谐的心理氛围，促进孩子的身心健康。

别让孩子疑心生暗鬼……178

积极转化孩子的嫉妒心理……180

太自恋的孩子不会受欢迎……183

正确引导孩子的攀比心理……185

别让孩子变成“暴力儿童”……187

让孩子学会善待“批评”……191

让心胸狭窄的孩子变得大度……195

第九讲

强化社交弱势，正确引导孩子交朋友

陌生人是可以发展成朋友的，朋友是开阔眼界的资源，友谊是获得赞扬和勉励的途径。没有同伴的友谊，孩子会觉得孤单、迷惘，未来还有可能出现学业不佳，情绪低落、忧郁等问题。有的孩子天生就是优秀的外交家，但并非所有的孩子都这么幸运。然而社交技巧是可以通过后天的学习和实践得到改善和加强的。正确引导孩子如何交朋友，让孩子在未来的生活中更加的快乐，更加的温暖！

孩子，试着让大家多了解你一点…………202
引导孩子融入到集体中去…………204
教孩子如何与别人友好相处…………207
培养孩子与人合作的能力…………209
为孩子的交往提供必要帮助…………213
教孩子正确处理人际冲突…………215
别让孩子对老师产生偏见…………218
让孩子自己把握与异性交往的分寸…………223

第一讲
别让胆子，耽误了孩子

有些孩子的胆子很小，他们比同龄孩子表现出更多的恐惧感，害怕陌生人，害怕说话，害怕出头，怕黑怕独处，甚至害怕自己的影子。有些父母觉得，小孩子都这样，长大之后就会好的，但事实上，孩子在幼年时期产生的恐惧心理和胆小性格，如果不及时解决，会对他们的未来有很大影响，严重的甚至可能产生心理障碍，后果不堪设想。

孩子胆小并不是天生的

每位父母都希望自己的孩子积极、开朗、乐观，但是总有一些孩子特别胆小，害怕黑暗、害怕雷雨，不敢在人前讲话、吃饭等。有些父母认为这是天生的，没救了。这样想其实是很不负责任的，因为一个人性格的形成，主要还是受其成长过程中的环境、条件等方面因素影响的。也就是说，只要父母教育方法得当，胆小的孩子也会勇敢起来。

要改变孩子的胆怯，我们就先要弄清导致孩子胆小的原因。

有一些孩子，他们的胆怯、恐惧属于条件反射式的。如一些经历过地震灾难的孩子，由于看到地震发生前电闪雷鸣、大雨倾盆、狂风大作的可怕景象，便把这些自然现象与地震联系在一起，以后只要看到这些现象，就会想起地震的恐怖，于是心惊胆战，坐卧不安。俗话中的“一朝被蛇咬，十年怕井绳”，说的就是这种现象。

生活中，我们还可以看到这样一些孩子，当他们对某一事物或某个人产生了恐惧之后，由于心理上出现的泛化现象，从而开始害怕与此相关的一类事物或人。比如，一些年幼的孩子因经历过打针的疼痛，而害怕所有穿白大褂的人。心理上的泛化式恐惧一般会随年龄的增长而有所改变，但如果受到消极刺激的强化，则不仅会长时间保持，而且还会使这份恐惧加重。

还有一些孩子害怕与人交往，公共场合总是表现得胆怯、惧怕。心理学家认为，一些父母因怕孩子受欺负而限制孩子与其他人，特别是其他同龄伙伴交往，从一定意义上来说，这些父母没有为孩子提供交往的环境条件，或者说剥夺了孩子交往的权利和机会。孩子得不到锻炼，一旦与他人接触，必然会觉得手足无措，在体验到失败感之后，产生恐惧心理就不难理解了。

我们了解了孩子胆怯的原因后，就可以运用鼓励的方法，有针对性地教育孩子、鼓励孩子，让他们一步步走出胆怯的阴影。

1. 培养孩子勇敢镇定的情绪

家长应向孩子讲道理，不要采用各种恐吓手段甚至是迷信说法随便吓唬孩子，要从小就培养孩子勇敢、镇定的情绪，不过分保护孩子，也不勉强孩子做不愿做的事。同时，家长应注意丰富孩子的知识面，扩大孩子的视野，多让孩子接触自然、社会，多参加有趣的活动，让孩子明白其中的道理，久而久之，孩子的一些无端的恐惧也就很容易消除。

2. 耐心鼓励孩子

家长应鼓励孩子参与一些能够消除恐惧的活动。家长要尊重孩子的感受，但不要试图采取强制手段使孩子放弃恐惧，否则不但消除不了孩子的恐惧，而且还可能使孩子的恐惧感增强。另外，家长也不能轻视恐惧，不要借助嘲笑或奚落来改变孩子的畏惧态度，有时孩子在表面上可能不再抱怨了，但恐惧依旧有存在的可能。作为家长，应尽可能让孩子慢慢面对和克服恐惧，让孩子描述他的恐惧经历和情感。家长了解孩子越多，越能帮助孩子对付他的恐惧，如果孩子害怕黑暗，家长就要给孩子解释为什么会有黑暗，以及黑暗并不可怕的道理，或者带孩子走进黑暗的屋子里去开灯，然后说：“你真勇敢呀，你已经进了黑屋子，你并没有害怕呀！”反复多次，孩子的恐惧就会逐渐消失。

3. 鼓励孩子多与人交往

父母应鼓励孩子多与人交往，比如经常带孩子走亲访友，让孩子多去同学家玩；邀请朋友来家里做客，让孩子充当小主人，招待客人。在孩子表现得自然一点时，给孩子一些奖品……渐渐地孩子就会意识到与人交往并没有什么可怕的，因而勇敢起来。

胆小不是天生的，父母不要责怪孩子、嘲讽孩子，而是要对症下药地鼓励孩子、支持孩子，这样孩子才会逐渐变得勇敢。

孩子的恐惧源于对世界的未知

很多孩子都会出现恐惧的心理现象，很多情况下，父母都会认为孩子这种“恐惧”是胆小、怕生，会责备孩子不够坚强、大胆，甚至有些父母担心孩子的心理发展出现了异常。准确地说，这种“胆小”心理其实是孩子的恐惧心理，它反而是孩子的心理在正常向前发展的结果！为什么这么说呢？首先我们要了解恐惧情绪产生的原因。

本质上来说，恐惧源于未知。因为孩子不知道究竟是怎么回事，可能会要发生什么，他处在一个未知的景象之中，这时，恐惧来的非常单纯和直接，即便此时此刻是安全的，也没受到任何外界人或物的攻击和干扰，仅因对周围一切的未知，就会让孩子的思想在害怕。

瑶瑶在学校附近碰见一个农村阿姨站在大树底下兜售布袋——一种长方形单面有图案的纯棉购物口袋，价钱相当便宜，只售一元。于是她一口气买了 5 个。

布袋拿回学校，同学们纷纷问她在哪捡到的宝，都跃跃欲试要去买几个回来。不料一位细心的同学蓦然惊呼："怎么上面有个'死'字！"定睛一看，布袋的图案四周原来还环着一圈外文，几个较长的单词不认识，字典里也没有，中间一个"die"却赫然触目惊心！再细看图案本身，几个简单而形状怪异的色块拼凑在一起，谁也辨不出那究竟是什么。

"我说怎么这么便宜！""准是邪教的图腾！""巫婆！""咒语！"同学们大呼小叫。

瑶瑶有点害怕了，接下来不管遇到什么倒霉的事情，同学都会怪瑶瑶买来那个"不吉利的东西"，瑶瑶的心里也很忐忑，生怕哪一天飞来横祸。直至一年后，外语专业的表哥来到家里，瑶瑶心里的结才解开，"咒语"之谜水落石出：原来那句奇怪的外文其实是德语。"die"是德语中一个再普通不过的冠词，发音为"地"，用法相当于英语"the"，专用以修饰阴性名词，"咒语"全句的意思是"保护世界环境"。

恍然大悟之后回头再看那神秘的图案，原来竟是世界七大洲的板块！为了这个忐忑不安这么久，瑶瑶自己都笑话自己太胆小了。

人之所以恐惧那么多，常是因为自己吓自己，是自己将自己圈禁在了幻想之中。孩子无法像成人一样区分幻想与现实的不同，当他们看见某种自己无法解释的现象时，可能会联想到另一件可怕的事情上，并且确信自己的联想为真。比如，听妈妈讲过狼外婆的故事后，就会对大灰狼感到恐惧，看到陌生人都会觉得是狼外婆。

孩子的恐惧往往就是出自于此，因为世界上充满了他们不知道的事物，这些恐惧体验来自于孩子的本能，比如，过大的声响自然会让孩子恐惧；陌生人的声音会让孩子畏缩不前。当孩子的能力不足以应对环境的需要，就会因为害怕失去掌控感而感到畏惧。

对于孩子来说，恐惧是他们成长过程中必然要体验的一种情绪，对成人来说，恐惧在一定程度上也是合理的，有时逃避也是必须的，为了安全和生存，人可以合理而必要地选择远离令自己感受到威胁的东西，但这个恐惧对象应该是明确而真实的。如果孩子长大以后，他的恐惧依然与这个世界没有真实联系，他不能意识到自己在害怕什么，也不大清楚自己逃避的目的地何在，那么他逃避的目标与保存生命的目的就会背道而驰，这就会给生命带来危害。

那么，家长应该怎么来减轻孩子的恐惧心理，让他们正确面对恐惧呢?

1. 不要否认孩子的恐惧情绪

不管孩子恐惧的原因在大人看来多么幼稚，爸爸妈妈都不要若无其事一笑置之。这个时候孩子最需要的是爸爸妈妈的情感支持，所以，共鸣孩子的恐惧感受，告诉他们无论遇到多么可怕的事情，爸爸妈妈都会陪在他身边，这会让他们意识到自己并不孤单，从而增强对抗恐惧的信心和力量。

2. 不要嘲笑或斥责孩子的胆小

有些孩子怕见陌生人，不敢在人前讲话，父母就会当众指责他们懦弱；有些孩子害怕一些莫名其妙的东西，父母就会说他们胆小如鼠，是个“完蛋玩意”，这样做的结果只会使孩子在恐惧中越陷越深。正确的做法应该是承认孩子害怕的现象确实存在，这样，孩子知道你了解他的恐惧，也就会相信你的劝慰、解释，才能够解除恐惧心理。

3. 引导孩子将恐惧表达出来

有些孩子往往会否认自己害怕，这是孩子常用来对付恐惧的一种方式，但实际上，越是这样，孩子自己越是恐惧。爸爸妈妈应该引导孩子说出恐惧的具体内容，让孩子解除心理上的羞耻感，并逐渐克服恐惧心理。比如，鼓励孩子用讲故事、绘画等活动，讲出或画出自己最害怕的东西，把内心恐惧表达出来，宣泄出去，从而消除恐惧心理。

4. 帮孩子用愉快情感克服恐惧心理

在平时，在节假日，爸爸妈妈应该经常让孩子参加游戏互动，或带着他们去游乐场、公园等地玩耍，让他们产生愉快情感来克服恐惧心理，这种方法尤其对克服人际恐惧心理颇有效果。

家长需要认识到，孩子会产生恐惧情绪是正常的。但如果常常莫名地害怕，害怕的东西太多以至于影响生活，或者是持续时间很长，就会对孩子的自信心、竞争力、社交能力造成一定的影响。家长应该在理解和信任的角度上去了解最让孩子感到害怕的事情是什么，然后和孩子一起去认识这件事情的本质是什么，到底是怎么发生的。恐惧来源于未知，这句话孩子现在无法理解，但我们可以帮助孩子去亲身体验，如上网查资料、看图片、一起去找相关书籍、做实验等。一起去亲身体验这种事情会不会伤害到我们，亲人的支持会让我们的孩子更有勇气去面对自己的害怕。

居里夫人说：这世界上没有可怕的东西，只有缺乏认识的东西。换而言之，人的恐惧是因为认知的不足或偏差，成人儿童皆是如此。从这个意义上讲，宝宝对每一种恐惧的克服，都是一次重要的成长。

孩子的社交能力从克服胆怯开始

胆怯是一个人人都有的心理活动，就像人人都会高兴和痛苦一样，由于它的外在表现影响到人的交往和个人魅力的展现，人们才觉得它需要克

服。根据神经语言学 NLP 的原理，人的活动是受意识所支配，表层意识受更深层意识所控制，因此，经过一定的自我训练，胆怯是可以较容易地自我克服的。

先看看胆怯是什么，它不过是一种错觉，是人们把预期的感觉当成真正的事实，因此提前感受到了压力、挫折、痛苦。人们的行为表现要么为了追求幸福，要么为了回避痛苦。胆怯正是为了回避这个假想中的痛苦而做出的反应。

既然是假想中的痛苦，你必须勇于去正视它，坚定地问自己，你怕的到底是什么？很多人甚至因为胆怯而不敢问路。知道你怕的是什么，然后再问自己，你做了胆怯的事后到底会有什么样的损失呢？没有什么可怕的，也没有什么损失，那你究竟胆怯什么呀？然后再督促自己看看你克服胆怯后给你带来的巨大好处，最大的好处是你突破了自我，突破了人生中最频繁出现的最限制自身发展的障碍，走出了个人迈向成功的决定性的第一步，其次就是你排除了胆怯的干扰，提高了做事的效率和效果。

再回到公众场合讲话的胆怯上看，你怕什么？其实没什么，就是怕丢人，出洋相，不成功，那么损失在哪里呢，没有损失，只有收获，巨大的收获，不可用价格衡量的成功。

克服胆怯之后，你将会发现体现在你身上的积极向上的显著的变化，你会发现交流不仅是一种乐趣，而从交流中你也会获得比乐趣更多的东西。那么我们怎样才能走出胆怯的阴影，去享受快乐呢？

分析胆怯类型，探寻恐惧之源。对于孩子，首先让他平静下来，说出都有哪些胆怯。是怕生人，还是怕考试？是怕黑暗，还是怕孤单？您不妨将孩子说出的这些胆怯记下来，而后加以分类。看哪些是情景性胆怯？哪些是非情景性胆怯？其次，探析胆怯的根源。有的专家早就指出，胆怯来自对未知世界的恐惧。那么，对孩子来说，他未知的世界是什么？有时候，帮他分析清楚恐惧的荒谬，胆怯便会消失。

挖出“病根”，对症“下药”。其实，很多孩子胆怯、担忧的是自己的表现，怕在众人面前有让人失望的表现。怎么办呢？美国专家建议，胆怯者不妨假设自己是剧中的某一个角色，只是暂时在舞台上表演而已。例如让孩子演一演书中的“课本剧”也很好，能使自己置于生活中的任何情形。这样，窘迫感就会减少，胆怯就会逐渐地消失。另外，鼓励孩子上课要大胆发言，积极参加校园演讲比赛等，当他做这方面的操练时，他已准备好即将说什么，对将要进行的活动也就充满信心，这种角色的好处在于，容易消除真实角色与扮演角色的界限，让孩子的行为表达出明确意义，就能反映出其真实的自我。还有一种方法，就是做好准备工作。如果孩子要陪您赴个约会，应先告诉孩子来客有哪些，怎么称呼他们，他们的职业情况及兴趣爱好，平时应注意的事情等。教会孩子一些待人接物的技巧，如会见一个未曾谋面的人时，应先弄清他们的背景。待开始谈话时，他便会感到自我控制能力较以往大大增强了。

随着年龄的增长，还有的学生想改变自己不喜欢的“爱好”，但怕让望子成龙的父母失望。这样的孩子，不妨让他写出恐惧对话，如预测父母该说什么，可能提出什么样的问题，以及自己又如何作答等。学生能很快想出对策，消除顾虑，与父母交流心底投合。

不妨让孩子作个最坏的打算。备受胆怯之苦的人应该与他人讲一下最深的恐惧是什么。假如他是怕被嘲笑，可提示：“那会怎么样。不学走就能跑吗，既然最坏的结果不过如此，还担忧什么呢”。

还有一种胆怯往往伴随着羞怯出现，在生理上呈现出呼吸加快，声音颤抖和脸红。然而专家们研究表明：这些征象，远不如胆怯者自己所担心的那么引人注意。

良好教育，循序渐进。胆怯者感觉与人交谈有困难，他们只顾忌留给对方的印象，因此在人际交往中，可以说些开放性的问题，如“你是怎么形成这种爱好的”等，这些话题既能建立友谊，又能将注意力集中在对方。心理专家建议：胆怯者起初应接近能接受他们弱点的“安全”的人，而不是那些仅劝告他们改变冷淡态度的人。孩子需要那些只是倾听其恐惧，而不忙做出决断的人。

作为父母，不能指望孩子一夜之间就能改变自身的全部弱点，成为一个善讲敢讲话的天才。办法只有一个，那就是：循序渐进，课后“排练”，只要先想好第一步怎么做，该如何思考，又怎样回答，考虑成熟，胆怯心理会逐渐减小。另外，面对突如其来的事情，千万不能紧张，说错了也不要紧，最坏的结果就是让别人嘲笑，一般没人传播，因为人人都有回答错的时候。一次错，二次就有对的可能，只要自己有决心，真正的胜利就属于自己。

1. 培养自信心。每个人都有自己的缺点，也必然有优点。不必为自己的某些短处而自惭形秽，要看到并发挥自己的长处，克服自己的缺点，摆脱与人交往的胆怯阴影。遇事多采取主动态度，当你勇敢地说出第一句话，勇敢地迈出第一步时，你可能会感到胆怯，但胆怯不等于失败，胜利者比失败往往多的是一份勇气。

2. 改变自己的身体语言。人际交往的身体语言中，最具有魅力的是微笑。微笑是友善的表示、自信的象征。微笑可以使你摆脱窘境，可以缩短你与他人之间的感情距离，可以化解朋友间的误会，同时微笑可以减少你胆怯的感觉。

3. 努力用知识充实自己。知识可以丰富人的底蕴、提高人的气质，也是克服胆怯心理的良药。俗话说“艺高人胆大”，知识储备丰富自然会增加人际吸引力，使人交往自如。所以，我们要勤奋学习，努力拓宽知识面，掌握一些社交知识和技巧。

4. 保持松弛。松弛是克服胆怯心理的关键。胆怯的人常常过于关心他人对自己的看法，而常处于紧张状态，此时应尽量用玩笑或幽默来自我解脱，如果你能把注意力集中到你应注意的人或事物上时，你就会渐渐忘记你自己的不自在。

5. 加强交往能力的锻炼。要充分利用一切机会积极锻炼自己，学会同各种各样的人打交道，在关键时刻表现自己。要训练自己与不同性格、不同气质、不同年龄的人打交道的胆量与能力。遇到聚会、联谊时，要善于寻找时机与周围的人攀谈。

社交退缩会让孩子付出惨痛代价

露露生活在一个经济条件优裕的家庭里，父母和爷爷奶奶都很宠爱她，对她照顾得非常周到，生怕她受一丁点儿委屈和伤害，从不肯让她单独出门，他们告诉她外面有坏人，像大灰狼一样狡猾而凶恶，什么坏事都干得出来。于是，露露养成了胆小退缩的性格，不敢自己上街，6 岁了还不敢与其他大人孩子交往，连去动物园都不敢，怕大灰狼从笼子里跑出来伤害她，凡事总依赖父母和爷爷奶奶。

像露露这种情况，心理学专家叫作“儿童社交退缩症”。有这种心理障碍的孩子通常孤独、退缩、胆小、害怕，不愿到陌生的环境中去，甚至连逛公园、去动物园、看电影、随父母到亲友家做客都不愿意；也从不主动与其他孩子交往，常常很少交朋友、沉默寡言。

社交退缩症给孩子的成长带来的负面影响是多方面的：难于结交新朋友，无法与人共享亲密与关怀；难于与人作有效的沟通，因而妨碍自己意见的表达与自身权益的维护；容易引起他人的误会，妨碍他人对自己的正确评估，因为社交退缩学生总是给人一个不友善、不信任、不坦诚、缺少热情的印象，使得他人很难了解他的真实能力。

乔治和约翰是从小一起长大的朋友，他们的家在约克小镇。约翰胆大心细，敢作敢为；而乔治不爱表现，办事有点缩手缩脚。两个人都顺利地进入了伦敦的大学，而且是同一所大学的同一个专业。

这天，乔治感到身体有些不舒服，约翰就陪他去医院。在前往医院的路上，乔治突然发现一个非常熟悉的面孔，他连忙拉住约翰，低声说："约翰，你快看，那是总理。"

此时，二人与总理之间的距离大概 50 米左右，总理正和几位官员及记者一边走路一边探讨着什么。片刻之后，总理一行人走到了他们身边，乔治和约翰有点不知所措，乔治更是有些害怕地低下了头。总理来到乔治面前，看了看乔治，然后目光落在乔治胸前的校徽上，说："这是一所不错的学校！"这时的乔治，不知是激动还是害羞，竟然傻乎乎地看着总理，一句话也说不出来。约翰却上前一步，注视着总理，说道："总理先生，您好。"总理亲切地将手放在约翰的肩上，鼓励道："年轻人，要善于学习，敢于突破，国家的未来是你们的！"

第二天，多家媒体的头条刊登的都是总理与约翰在一起的照片，许多传媒对约翰进行了专题采访。朝夕之间，约翰火了起来，成了名人，学校也把总理与约翰的照片作为一种荣誉收藏到了档案馆里。这时，很多同学惋惜地对乔治说："乔治，你错过了一个非常好的成名机会，太遗憾了，但你可以补救的。你应该立刻拿起笔，将你见到总理的情形写出来，送到报社去发表，这样也可以提高你的知名度。"乔治觉得校友的话很有道理，可拿起笔又不知道该写什么，因为自己从始至终没有和总理说过一句话，这件事慢慢就被搁置了下来。

因为已经有了名气，约翰大学毕业以后非常顺利地找到了一份相当不错的工作，而且他有胆有识又愿意努力，没过几年就进入了公司的决策层，生活过的非常惬意。乔治毕业以后回到了小镇，做了一名邮递员，艰辛的工作之余，乔治常常会想，如果自己当年向前跨出那一小步，如今的生活是不是会向前跨越一大步呢？或许，自己真的错过了人生最好的一步棋。

无论做什么事，先要为自己争来机会。机会抢到手，成功的可能已有了一半。有了这种敢于行动的心态，孩子将来成为一个挑战者，愿意尝试新行为，愿意接触陌生人，愿意做陌生的事，愿意探索未知的领域，然后才能成为一个有所作为的人。对于社交退缩的孩子来说，他们从小到大所失去的机会数不胜数。

事实上，当社交焦虑或者社交退缩导致同伴关系变糟糕的时候，通常还会涉及其他的问题。比如，有的孩子可能有强烈的攻击性、易冲动或者极度活跃。也有的孩子缺少社交能力和技巧，或者可能易哭泣。最终，这些孩子会变成社交弱势。这也就是说，他们可能会被忽视、不被接纳，甚至更糟糕的是，同龄人完全排斥他们。帮孩子纠正社交退缩，这是家长们的当务之急。

对孩子社交退缩症的治疗，主要是家长对孩子进行心理治疗，其要点包括：

1. 寻找孩子社交退缩症形成的原因，对症治疗。如果是父母教育不当，则应从改变教育方法入手；如果是孩子经受某种重大刺激，则应加以慰藉和开导，力求家庭环境和父母态度有利于孩子身心的发展。

2. 鼓励孩子参加集体活动。与小朋友们一起玩耍，有助于孩子克服孤独感，较快地适应外界环境，建立融洽的人际关系。

3. 加强体育锻炼。健身的同时锻炼意志，豁达情怀，培养孩子的乐观性格。

4. 对社交退缩顽固的孩子，建议家长在医生的指导下，适当使用抗忧郁药物。父母过分的疼爱和关照会造成孩子的畸形成长。唯一矫正的方法就是让孩子融入集体，增加交往。

怯懦毁人生：最没眼光的合伙人

胆小怯懦的孩子，一般具有这样一些特征：沉默寡言、不好动、朋友很少、说话声音很小、做事犹豫、经常不敢独自出门等。胆小怯懦的孩子，如果不能纠正这种性格缺陷，长大以后，即使在决定人生大事的紧要关头也不能果断采取行动，所以这样就会错过好不容易出现的机遇。

如今，从市值上看，苹果电脑公司已经成为超级企业。一直以来，大家都只知道已故的乔布斯先生是苹果公司的创始人，其实在 30 多年前，他是与两位朋友一起创业的，其中一名叫惠恩的搭档，被美国人称为“最没眼光的合伙人”。

惠恩和乔布斯是街坊，两个人从小都爱玩电脑。后来，他们与另一个朋友合作，制造微型电脑出售。这是既赚钱又好玩的生意。所以三个人十分投入，并且成功地制造出了“苹果一号”电脑。在筹备过程中，他们用了很多钱。这三位青年来自于中下阶层家庭，根本没有什么资本可言，于是大家四处借贷，请求朋友帮忙。三个人中，惠恩最为吝啬，只筹得了相当于三个人总筹款的十分之一。不过，乔布斯并没有说什么，仍成立了苹果电脑公司，惠恩也成为了小股东，拥有了苹果公司十分之一的股份。

“苹果一号”首次出台大受市场欢迎，共销售了近 10 万美元，扣除成本及欠债，他们赚了 4.8 万美元。在分利时，虽然按股份惠恩只能分得 4800 美元，但在当时这已经是一笔丰厚的回报了。不过，惠恩并没有收取这笔红利，只是象征性地拿了 500 美元作为工资，甚至连那十分之一的股份也不要了，便急于退出苹果公司。

当然，惠恩不会想到苹果电脑后来会发展成为超级企业。否则，即使惠恩当年什么也不做，继续持有那十分之一的股份，到现在他的身价也足以达到 10 亿美元了。

那么，当年惠恩为什么会自动放弃这一切呢？原来，惠恩从小就胆小怕事，长大以后依然如此，他很担心乔布斯，因为对方太有野心，他怕乔布斯太急功近利，会使公司负上巨额债务，从而连累了自己。

事实上，像惠恩一样总想着逃避风险或责任的人并不在少数，当今社会，“怕事”似乎已经成了一种时代病。面对责任，许多人都在“躲猫猫”。面对社会的压力，许多人被压弯了脊梁骨，这种行为从心理学上来看也是不正常的。许多研究心理健康的专家一致认为，适应能力良好的人或心理健康的人，能以“解决问题”的心态和行为面对挑战，而不是逃避问题，怨天尤人。

从成功学的角度上说，一个人如果不敢向高难度的生活挑战，就是对自己潜能的画地为牢。这样只能使自己无限的潜能得不到发挥，白白浪费掉。这时，不管你有多高的才华，工作上也很难有所突破，职场上遭遇挫折更不是什么新鲜事。

从心理学的角度上说，等着挨打的心情是消极的，那种等待的过程与被打的结果都是令人沮丧的。一个人在心理状况最糟糕的状态下，不是走向崩溃就是走向希望和光明。有些人之所以有着不如意的遭遇，很大程度上是由于他们个人主观意识在起着决定性作用，他们选择了逃避。

我们的孩子，一旦形成怯懦性格后，往往会从怀疑自己的能力到不能表现自己的能力，从怯于与人交往到孤僻地自我封闭，而由此形成的不良人际关系，反过来又会加深怯懦。最终，他们会被恐惧心理压抑得不能正常思维，智力活动受到极大抑制，他们的人生，还怎么能圆满呢？

针对性格怯懦的孩子，我们建议爸爸妈妈们这样做，来帮助他们摆脱怯懦的桎梏。

1. 帮孩子积极面对现实，树立信心

胆小怯懦往往与自卑感紧密地联系在一起，所以树立信心是很重要的一步。孩子还小，可能还不懂这一点，只凭他个人的力量很难找回自信，他需要爸爸妈妈的帮助。

对于怯懦的孩子，爸爸妈妈首先要让他明白世上没有十全十美的人，谁都会有这样那样的不足，只要他在学习和生活中不苛求自己，一切从实际出发，胆小怯懦的心理和习惯一定是可以调控、可以克服的。

2. 给孩子创造条件，加强锻炼

可与老师进行沟通，课前获悉老师在课堂上将要提出的问题，有意识“引诱”孩子通过查找资料，请教家长，弄懂问题，鼓励他们在课堂上大胆发言，这会使他们受到同学的赞赏，品味到成功的喜悦，这种训练能使孩子逐步树立起“我能行”的自信，有了自信，胆小怯懦的心理就逐渐减轻了。

不过提醒爸爸妈妈们注意，在改变孩子的性格时不要急于求成。要采用小步子原则逐步增加要求，一下子要求太高反倒会打击孩子的自信。

3. 正确引导，经受挫折

在日常学习和生活中，经常提醒和开导孩子，使他明白一个人不经受挫折就不成熟，不经受磨难就不会真正长大，当遇到挫折和困难时，要意志坚强，精神乐观。同时要鼓励他勇敢寻找一片属于自己的天空，抓住每一次机会强化自己“没有什么可怕的”这一理念，使他坚信：抬起头来，就会比谁都高。

性格会影响人的一生。只有培养优良的性格，才能成就孩子，因为没有人能在胆小怯懦的性格中获得成功。性格决定命运，命运影响终身。改变了孩子性格中的缺陷，也就改变了他们的命运。

孩子的胆子取决于父母的教育

一般来说，孩子胆大胆小，与家庭教育直接有关。具体来讲，父母的下列行为可能导致孩子胆小怕事：

1. 动不动就训斥孩子

许多父母望子成龙，对孩子要求很苛刻。一旦孩子的表现没达到自己的愿望，就严厉地训斥孩子，骂孩子没有本事，甚至体罚孩子，大大挫伤孩子的自信心。

2. 溺爱孩子

有人这样描述一些溺爱孩子父母的举动：“饭不用他自己盛，生怕烫着；苹果不用他自己削，生怕伤着；路不让他多走，生怕累着；高处不让他去，生怕跌着；学骑自行车，父母双双跟着扶着，生怕摔着……”这样做实际上是在暗示孩子，你什么都不能做，孩子自然就什么也不敢做，变得胆小怕事。

3. 经常恐吓孩子

当孩子调皮捣蛋时，父母为了制止孩子胡闹，经常恐吓孩子说，“你再闹就让大灰狼把你吃了”，“你再不听话，晚上魔鬼会把你抓走的”等等。虽然这样做在一定程度上能让孩子安静下来，但对于一个辨别力不强的孩子来说，这些话会带来相当大的心理恐惧。

4. 经常向孩子灌输“卑微”的思想意识

我们经常听见一些父母对自己的孩子说：“我们家穷，没权没势，也没什么本事，你要少出头露面，少与人搭话，吃点亏就吃点亏。”在这种意识的诱导下，孩子觉得自己各方面都比不上别人，容易胆小懦弱。

应该说，没有天生胆小的孩子，孩子胆小也不是病，但胆小不利于孩子的全面发展，因此父母不应轻视这一问题。采取正确的教育方式，才可以帮助孩子摆脱恐惧。

遗憾的是，很多父母在孩子小的时候，很不希望孩子有“胆识”，因为那意味着孩子“野”、“调皮”、“不踏实”、“容易闯祸”。诚然，对于年龄较小的孩子来说，“有胆识”确实很容易给家长们带来麻烦，给孩子自身带来伤害。但我们也必须承认，随着孩子一天一天地长大，胆识对于他们来说，越来越重要，适当地给孩子些机会，让他们锻炼胆量、增长见识，在他们的成长历程中，至为重要。

在传统教育模式下，学习成绩好的孩子显得比“坏孩子”更加缺乏胆识。就“胆”而言，“坏孩子”往往具备较强的社会交往能力，因为相对于中学环境，大学更像是一个“小社会”。在这个社会环境中，个人人脉和交友圈子基本都要自己去开拓，认识新朋友，融入某些团体，都需要学生自己去做。“坏孩子”具有这种“天然”优势，因为他们本来过的就是这样的生活。

好孩子则多少有些不适应这种“小社会”，他们往往是“不敢”主动接触，有点不知所措。他们从小就被人“领”着去接触社会，从小就缺少一种“从零开始”的经验和胆量，在交往中表现为“怯”。同时，各种学生团体、爱好组织中，处处也都有“坏学生”的身影。

当然，好学生们也有着特长和兴趣爱好，他们也乐于参加一些社团，参与一些社团组织的活动。但是，我们会发现，一些个性张扬、彰显特色的兴趣社团更多地属于“坏学生”，尤其戏剧、音乐等需要表现个人能力的社团更是如此。令人更奇怪的就是，“坏学生”在这些团体中，往往是作为“领导者”“组织者”或“意见领袖”出现，而好学生显然更加愿意服从社团的组织，不太愿意挑选角色和位置，通过自己的特长和努力为组织“添砖加瓦”。

就“识”而言，“坏孩子”的优势则更加明显。一般来说，“坏孩子”往往比好学生有更多的见识。因为“坏学生”一般不会满足于两点一线的生活方式。他们的生活一般会很丰富，朋友也会很多。所以，更多的经历使得他们比好学生能更多地接触社会，接触到方方面面的事情。单纯对于学习来说，“见识”并不能起什么直接的作用。无论你眼光多么独特，也不会比千年来、无数人总结的理论更正确。因此，要学习好这些理论，“见识”的作用并不大。

但是，在今天多元化教育的时代，一个学生的见识，更能体现他的综合素质。我们记得，在20世纪末21世纪初，“新概念作文大赛”在我国教育界启动以后，“新概念作文”成了语文教育的一大亮点。它强调让学生真实、真切、真诚、真挚地关注、感受、体察生活。而像韩寒、郭敬明、张悦然等“新概念作文”培养出的作家中，许多人成绩并不好甚至也可以说是一种“坏学生”，但他们却在学习之外的其他领域获得了巨大成功。

具备胆识的孩子更容易走向成功之路。因为具备“胆识”，在需要力排众议的时候，不会瞻前顾后；在发现机遇的时候，不会犹豫不决；需要做出果断的处置时，不会畏首畏尾。

作家塞万提斯曾经说过：“丧失财富的人损失很大，可是丧失勇气的人，便什么都完了。”对于一个人来讲，如果说，失去了机会就失去了很多，但是如果丧失了勇气那就失去了全部。

若想成就事业，胆识是必不可少的个人特质。在一定时候，胆识能起到决定性作用。凡是有成就的名人和伟人，无不胆识过人。

有胆识的人能比别人更“快”地注意到机会的来临并把握它。机遇总是转瞬即逝，当机遇擦身而过时，别人还来不及反应、来不及考虑清楚是否需要把握它，有胆识的人已经在瞬间做出了决定，也许别人还在观望，但此时的他们已经开始了自己的行动。

有胆识的人比别人更“准”地把握时机。他们的思想从来不会被过去的经验和条条框框所左右，他们有着敢为天下先的勇气。如此，他们就会更多地尝试他们那些大胆的想法，使得他们能获得更多的发展机会。机会多，成功率自然就高。

真正有胆识的人比别人更有“智”。有胆识的人绝不是一介莽夫，他们往往智勇双全。他们能在学习、工作、生活中发现更多的“路”，并且用自己的头脑判断这些新发现、新思路。

有胆识的人比别人更能“隐”。这个“隐”指“隐忍”，人总有失败的时候。面对失败，有的人输得起，有的人则一蹶不振。有胆识的人相信自己能赢，相信自己的能力。他们不服输、不认输，他们往往像一名坚强的战士，在生命的战场上总能“背水一战”、绝处逢生。无疑，以上这些心理素质使得有胆识的人更接近成功之路。

那么如何培养孩子的胆识？家长们可以参照以下几点：

1. 支持孩子大胆地去做事

父母教育孩子，对孩子未成熟期的保护应该随着孩子的发育成长减少，并随着孩子的成长加强对孩子单独生活、适应社会的能力的培养。

2. 鼓励孩子大胆地说话

一些孩子不喜欢说过多的话，对这种孩子，爸爸妈妈应尽量少讲“你一定要这样或那样做”之类的话，而应多讲“你看该怎样办”“你的想法是什么”这类的话，给孩子一个独立思考并发表自己意见的空间。

3. 鼓励孩子多与社会打交道

有些性格懦弱的孩子仅仅习惯于同自己熟识的人待在一起，与社会上的人打交道时就会产生一种潜意识的惧怕。因此，爸爸妈妈在孩子小时就要培养他们待人处事的能力。

第二讲
如何理解孩子的羞怯或者社交焦虑

害羞的孩子大多逃避社交场合，不愿意主动与人相交。害羞会阻碍孩子交朋友、有碍学习和自尊心的形成，也降低了心理适应的能力。害羞的孩子通常会神经过敏、疑惑不安、孤单、沮丧及难交朋友。现在是一个开放的社会，也是一个竞争激烈的社会，相比于羞答答的样子，一个大气的孩子更能适应不断变化的环境。因此，家长必须帮助孩子摆脱羞怯心理。

善于交际的男孩易成功

当今是知识经济的时代，学会与人共同生活已成为个人必备的素质，培养孩子发展人际交往能力，则是帮助孩子实现这一素质的基础。

孩子的好习惯基本上是在小时候培养起来的，男孩的交际能力更是如此。小时候知道主动与别人打招呼的男孩，长大后往往懂得如何与陌生人成为朋友；小时候懂得与人交往技巧的男孩，长大后往往能吸引更多的朋友；小时候人缘好的男孩，长大后往往会有很多生活、事业上的好帮手。

我们回头看一下历史，凡是成功人物，莫不善于与人交往，他们大都能够和大家打成一片，他们若自己无交际之才，那么他们必有善于交际之人辅佐。

战国时期，狼烟四起，就在这风云变幻的时代，涌现出了许多各领风骚的人物，在他们的身上都有一个共同的特点，那就是善于交际。

苏秦逞其三寸不烂之舌，凭借自己超强的交往能力游说六国“合纵”——动员六国联合起来共抗秦国。而苏秦的同门师兄张仪，则利用身在秦国的优势，凭借独有的交际魅力开展“连横”——为秦游说列国事秦以破“合纵”。他们纵横捭阖，极尽诡谲权变之能事。

后来，范雎奔赴秦国，提出“远交近攻”战略，利用自己的交际能力，在齐、楚、燕、韩、赵、魏六国间奔走，为秦国统一天下做了最后的战略铺垫。

而那些试图挽回世道的仁人志士们，席不暇暖，食不甘味，风尘仆仆，四处游说，宣扬自己的政治主张，靠的更是超强的交际能力。如孟子与弟子们著书立说，宣传“仁政”；墨子四处游说奔波，主张“非攻”，呼吁和平；庄子则崇尚自然，主张“无为”；荀子倡导尊士养民，强调既重礼也重法……

上述那些历史名人，无不善于交际。正因为他们善于交际，所以才能够在那个风云变幻、互相攻伐、战乱频发的时代生存并著书立说，且在各个诸侯国间游刃有余。

在那个时代，交际最成功的当属吕不韦，其气魄之大、信心之强、眼光之远、创意之妙、谋划之周、办法之多、预见之准、收益之丰，可谓是前无古人，后无来者。凭借其超强的交际、交际能力，他结交了众多权贵，在一群极度排外的秦国大臣面前独占鳌头，又笼络众人为他编写《吕氏春秋》。

吕不韦在参与政治之前，是位商人，而且他是“往来贩贱卖贵，家累千金”的商人，可见他作为商人，是非常成功的，在那个信息匮乏的时代，能够取得“家累千金”如此巨大的成功，就是因为他善于交际，认识的人多，能够“往来贩贱卖贵”。

也正因为他是个善于交际的商人，他才有机会结识上层人物，才能和他们往来，才能结识华阳夫人，才能够登秦国的堂、入秦国的室。

历史上因善于交际而成功的人，举不胜举。看过历史，我们回到现实，在这个以人为本的时代，我们要注意对孩子交际能力的培养，我们不仅要他们学会交际，更要他们善于交际。

培养孩子的交际能力，家长可以从以下几点做起：

1. 创造良好的家庭交际环境

在家庭中应营造一种民主平等、亲切和谐的交际氛围，以父母为中心和以孩子为中心的家庭都是不可取的，父母应当成为孩子的朋友，让孩子敢说、爱说，有机会说话。适当地让孩子参与成人的某些议论，有利于树立孩子的自信心，使孩子敢于与成人交际。家庭中的大小事，孩子能理解的，应该让孩子知道。家庭中有关孩子的一些问题，更应该多听听孩子的意见和想法，不要一味地由家长说了算。

2. 为孩子多提供交际机会

家长应适当地带孩子进入自己的社交圈，让孩子到外面去串门，找小伙伴玩耍，也应该允许自己的孩子邀请小伙伴们到家里来做客。家长可以指导孩子怎样和同伴一起玩。例如，别的小朋友上门来玩耍，家长要讲表示欢迎的话，消除他的恐惧心理，还要叫自己的孩子拿出好吃的东西招待他，拿出好玩的东西给他玩。家里买了新的玩具，家长可提醒孩子请邻居家的孩子来一起玩。还要让孩子有充分的时间和小朋友们一起交际，得到更多的交际机会，体验到和同伴交际的乐趣。

3. 教给孩子交际的技能

为了帮助孩子成为受同伴欢迎的人，在交际中得到快乐，家长应有意识地教给孩子一些交际的技能。如教孩子对人有礼貌、学会容忍、乐于助人等。

塞攀尔·斯迈尔斯说：“友善的言行、得体的举止、优雅的风度，这些都是走进他人心灵的通行证。”那么，就让孩子学会交际，让他走进他人的心灵世界，让他像一滴水融入大海一样，融入到社会中去。

孩子爱害羞，家长真挠头

常有家长这样说：

“我家孩子在家里面好像个小老虎，就是家里的‘王’，但到了外面就成了小老鼠，胆子小，很害羞，人前不敢说一句话。”

“我带孩子去游乐园，孩子每次都躲在我身后，不敢和其他小朋友打招呼，不敢和大家一起玩，真不知道应该怎么办。”

其实不少孩子都有这样的表现：不爱和陌生人说话，见到生人就害怕、害羞，被其他小朋友欺负了，也不会自卫或反击。事实上，这种性格在儿童问题中是极为普遍的现象，人类，尤其是幼儿，在面对陌生环境或者陌生人时，往往会显得腼腆、胆怯、沉默，容易害羞和受惊，从心理学上看，它属于人类的一种自卫策略，就发展观点来看，它是一种与生俱来的行为特质，所以爸爸妈妈们不必过于担心。

但是有些家长的教育观念很落后，总认为孩子“文静才好”，“听话就是乖”，不把孩子的害羞胆小视为问题，甚至把它当成懂事的体现，是一种良好行为。如果是这样，长此以往，孩子会越来越害怕社交，会变得越来越害羞，越来越孤僻，这就成了一种病态的人格增长。其表现为：

1. 无理性的恐惧

恐惧别人负面评价，恐惧无法面对社会情境，恐惧被人拒绝，以及恐惧亲密等。

2. 过分敏感

逃避人与情境，以免受到任何潜在批评，同时亦会保持低调的行为反应，不敢抬头、挺胸地面对他人，以避免引起注意。

3. 过分专注自己

很顾虑自己，处处放不开，很难专注在任何工作上。极端的表现是：不能接受游戏、跳舞、比赛或任何社会活动上的欢愉。无论参与抑或旁观，通常都过于担忧别人对他的印象。

4. 自我价值感低

害羞孩子往往缺乏自尊。当他有失败情形时，就会担心得不到父母、师长的关爱和接纳，而自贬自责。这不但阻碍他能力的发挥，也影响身心健康。

5. 缺乏社交技巧

害羞孩子无法显现引人注意，适当插嘴、及时恭维等适宜的社会行为。

6. 特殊表现

害羞孩童会有些特殊的表现：犹豫、寡欢、独立性差、被动、退缩、容易忧伤、没有领导能力；爱脸红、说话结结巴巴、咬指甲；不敢正眼对人、较不友善、尽量单独活动、活动量少、易有无目的闲逛等表现。

而细究其根源，不外乎以下几点：

1. 遗传

有些小孩从出生以后，就显得比别人害羞一些，这类孩童在小时候即很容易恐惧而且被抑制，这可能与遗传有关。但有学者认为这是一种间接的、非决定性的因素。

2. 身体缺陷

若孩童在身体方面有残障或缺陷，往往容易造成小孩害羞。例如：在外表明显与众不同，或器官上有了障碍（如听觉、视觉），通常会使这类小孩变得敏感和容易害羞。

3. 缺乏安全感

孩童若缺乏安全感，必然会失去对自己的信心和信赖。因此有关社交活动的参与，对他们而言，都是相当恐怖的事，结果导致自己孤立。更由于对社交活动的害怕，失去练习社交技巧的机会，形成恶性循环，使他们愈来愈缺乏别人的正向回馈，变得愈来愈害羞。

4. 过度处罚

任何过度处罚都可能造成孩子害羞。尤其是公开申斥与羞辱，等于将孩子推上害羞的不归路。

5. 不当偏见

偏见会造成害羞。因为家长的偏见是在告诉孩子，即使是他们所爱的人也会站在自己的立场对别人做负面评价。结果使孩子误认为世界是一个由别人来评判他们的场所，因而变得更敏感、甚至恐惧评判他们的人。

6. 父母影响

父母本身就很害羞、沉默，则子女也会有害羞和沉默的倾向，尤其是在遗传或体质方面已经有害羞倾向，而又生活在实际害羞环境中时，更容易使小孩变得很害羞。父母本身的社交方面接触缺乏，在无形中又剥夺和限制了小孩与别人接触的机会

那么，父母要如何帮助孩子呢?

1. 对孩子进行感情投资

美国心理学家坎贝尔提出：要使孩子心理健康，爸妈和长辈要作出相应的“精神投资”。爸妈要注意及时表扬孩子的优点，使他们为自己骄傲，从而更好地建立自信心；要深情地注视孩子，和孩子进行温馨的身体接触，一心一意地关心孩子。

2. 对孩子的指责少一点

爸爸妈妈要掌握孩子身心发展特点，如果孩子做错了事，要辩证地分析原因，多注重动机，少强调结果，不能一味地指责。同时，对孩子的不良行为习惯也不能只批评指责，更不能讥笑打骂，否则会更加伤害孩子的自信心和自尊心。

3. 尊重孩子的自主性发展

幼儿时期是孩子自主性发展的关键时期，父母如果大包大揽事事代劳，或是粗暴干涉横加指责，就会压抑孩子自主性的发展，使他们怀疑自己的能力，形成胆怯心理。因此，爸爸妈妈要多鼓励孩子做些力所能及的事情。孩子做对时，要给予肯定表扬，做得不太好的地方，除告诉他们应该怎么做外，还应该鼓励他们下次做好，增强孩子发展自主性的积极性。

4. 请求老师的帮助

在集体生活中，最能锻炼孩子的能力。家长应该主动与老师联系，将孩子的性格特点、兴趣爱好等告诉老师，请老师多帮助孩子，多给孩子锻炼的机会。

5. 给孩子提供交往机会

对于害羞、不善于交往的孩子，爸爸妈妈要有意识地对他多鼓励，少批评，尽可能为孩子提供与人交往的机会。例如：鼓励孩子与小朋友一起玩；让孩子做招待客人的小主人；鼓励孩子参加班里的一些讨论或活动等。

6. 学会民主平等的教育方式

爸爸妈妈在教育子女时，要采取民主和平等的方式，这样孩子就比较容易形成和善交际、能和人合作又能独立自主的性格特征。如果采用专制的方式，那么孩子较容易出现情绪不稳定、依赖性强、胆怯、看见陌生人害羞等现象。

让怕羞的孩子大方起来

小明是个腼腆的孩子，人多的时候，让他说句话唱个歌什么的，他不是支支吾吾不开口，就是哭着跑开了。因此，爸爸每次带小明出门，回家后都少不了批评他一顿："你怎么这么不争气，连句完整话都说不出来。"这以后，为了避免尴尬场面，爸爸越来越少带小明出门了。

孩子之所以会形成腼腆内向的性格，与父母的少鼓励、多指责有很大关系。腼腆的孩子一般都会自信心不足，父母一味地指责只会使孩子的自信心再次受到打击。可以想象，一个自信心严重受创的小孩，又怎么可能变得开朗大方呢？有很多怕生的孩子的家长，在孩子给自己"丢面子"时（比如让孩子招呼人却没有招呼），都会赶紧向对方解释，"我家儿子太腼腆"或"他是我们家脸皮最薄的"。殊不知，这种当着孩子的面说孩子害羞是十分不妥的。这就好似给孩子贴上了一个"害羞"的标签，当这种"我是害羞的"的意识深深植入孩子的内心，他就会认为自己就是这个样子了，以后他还会利用这个标识来逃避不喜欢的人——这时，害羞就成为了孩子一种有意识的行为。

要改变这种状况，当父母的首先要改变自己的心态，正确地对待孩子怕羞的问题。有些家长看到别人家的孩子说话大大方方，响亮清脆，而自己的儿子却扭捏着不愿意吭声，内心里就又气又急，其实，这是完全不必要的。

美国心理学家沃伦·琼斯认为，害羞虽然是一个人的弱点，但害羞的人比较聪明、可靠、讨人喜欢，更能体谅别人。而且，害羞的孩子虽然看起来少言寡语，但勤于思考，多于行动，能吃苦耐劳，更富有创造性和实干精神，成年后也不会说长道短、搬弄是非，因而多能受到他人的信任。

因此，对于孩子那些程度不是特别严重、只是在较短一段时间内存在的“害羞”行为，父母没有必要过于担忧。如果孩子的害羞相当严重，而且既不是只在某些特殊情境，也不是只在一段较短的时期内出现，有可能影响到以后的社会交往和事业时，父母可以耐心地帮助他们进行矫正，需要注意的几点是：

1. 我们要让孩子生活在一个宽松的环境之中，让孩子感到周围的人都很亲切易于接近，对这些孩子说话时语调要和缓，态度要和蔼，情绪要平和，孩子在无心理压力的气氛中，其怕羞的特点容易得到矫正。

2. 要逐渐扩大孩子的交往范围，教给他交往的技能，必要时还要做好他所交往的人的工作，让他们主动些，千方百计地增强孩子的自信心。千万不要在孩子无思想准备的情况下给他出难题，要让他在有充分把握时，有准备地当众显示自己的能力，获得周围的认人可、赞扬，从而树立起自信心。

3. 有的时候要引导怕羞的孩子参加一些集体活动，可以让他们与年岁小些的孩子一起活动，这样他们就不会感到羞怯，愿意充当有能力、有经验的角色。他们感到自己比小的孩子更优越，乐意帮助他们解决困难，显露自己平时不敢流露的才能和交往技巧。

哪怕儿子只有微小的进步，父母也不要吝啬自己的表扬；哪怕孩子的表现还没有达到你的要求，也要力求表扬到位。父母的表扬，不仅是对孩子的认可和鼓励，更能促使孩子向着更好的方向发展。

总之，只要我们有心地去教育和培养，怕羞的孩子会逐渐大方、活跃起来。

别逼着孩子在人前表演

去年春节的那次家庭聚会，似乎给贝贝留下了心理阴影。那次聚会，贝贝刚一到姥姥家，姨妈舅舅们就逗他，他有些害羞，一直跟在妈妈的身后。亲戚们半开玩笑："贝贝可是男子汉啊，怎么这么不识逗呢？见不了大场面啊！"好不容易开始吃饭了，没想到大姨一声令下："今天难得这么团圆，你们小朋友都要先表演个节目给大家助助兴！"

贝贝的表姐露露躲进了厕所，还是被强行拉了出来，拉起了小提琴。贝贝的表弟乐乐被一众长辈拉着"背个三字经来听听"，然后当老师的大姨做起了裁判，评价乐乐"背得不流畅、吐字不清楚、怯场"，于是还要重背一遍，好让大家拍下完美的视频发到朋友圈里。到了贝贝，还没等贝贝妈来得及拒绝，大姨说话了："贝贝给姥姥姥爷唱首歌吧，要不好吃的不给你吃！"舅舅也用上了"激将法"："贝贝不唱的话先让妹妹表演，贝贝是男孩子怎么那么胆小呢？还不如妹妹呢！"贝贝妈被说的也没办法，只好逼着贝贝唱了几句。

那次回来以后，本来很爱唱歌的贝贝有好几个月的时间不肯开口唱歌，一听到去亲戚家吃饭，就死活不肯出门。

孩子学会了一些技能，当爸妈的当然会为孩子取得的成绩感到骄傲，也有意无意地想让孩子在别人面前表演一下。然而，对于外向、开朗、喜欢在人前表演的孩子来说，这不是什么问题，因为他潜意识中也喜欢在人前表现，而爸爸妈妈也可以利用这样的机会培养孩子的表演才能。然而，并不是每个孩子都喜欢在人前表演。对于内向、胆小、害羞的孩子来说，爸爸妈妈逼他们在人前表演，那是一场可怕的噩梦，对孩子提出这样的要求就是对孩子的伤害。

也许爸爸妈妈还不知道，当你逼迫孩子的时候，孩子失去了很多。

1. 失去情绪识别的能力

大人强迫孩子在人前表演，孩子会学习到，为达目的不择手段。这样的情绪伤害就像个轮回，永无止境。以后，他们也不会正视别人的想法、情绪和感觉，和他人相处时，不会顾及对方，只要自己认为是对的，就可以做。

2. 失去安全意识

孩子对陌生人和陌生环境的恐惧与羞怯，是与生俱来的。当孩子面对陌生人时，他们会自主地观察、判断：这个人安不安全？这种先天的自我防护能力让孩子只接近对自己成长有利的人，让自己与那个人产生情感上的连接，孩子会在这个过程中学会分辨他人、信任他人。但如果爸爸妈妈剥夺孩子的“安检系统”，那么孩子再接触陌生人时，他们很大程度上就会缺乏安全意识。

3. 失去自我主见

在孩子构建自我的过程中，需要自我感觉不受巨大干扰。当孩子沉浸在自己的事情或情绪中时，爸爸妈妈非要打断他，强迫他在人前表演，这会让他失去判断，无法坚持自我。

所以说，爸爸妈妈千万不要把孩子当成满足自己虚荣心的工具，一天到晚要求孩子在人前表演这个，表演那个。事实上，即使我们成年人也并非都有勇气当众展示自己。因此，如果孩子不愿在人前表演，爸妈不要一再强迫，更不能因此而责怪或者处罚孩子。而应该引导和鼓励孩子，让孩子选择自己的方式展现自己的才艺。

爸爸妈妈要想改变孩子的害羞行为，引导他们愿意在人前表演，可以这样做：

1. 接受他有害羞心理的事实。孩子也是一个有主意的独立的个体，他完全可以不按你的愿望行事。不要因为他没有听你的话而发火，否则他会更退缩。

2. 不要当众指责他的行为，说他不好意思在人前表演，否则他会认为自己就是这样了，从而形成这样的性格。

3. 你可以鼓励他表演，甚至可以陪他一块儿表演，让他觉得在生人面前表演并没有什么可怕的，爸爸妈妈也这样做了。

4. 每次他表演完了，爸爸妈妈都要带头热情鼓掌，让他感到他的行为受到肯定和欢迎，增强了自信心，减少了胆怯和害羞，过不了多久，他就会愿意在人前表演了，他表演后，千万不能冷落他。

每个孩子都是不一样的。个性有时候是天生的。内向害羞只要不影响他与社会正常的交流和沟通，也无大碍。因此在引导害羞孩子时，父母不要老想着完全改变他的个性，那是不太现实的。只要父母用正确的方式，融洽的家庭环境加以引导，会让孩子变得更自信。

别给孩子贴上害羞的标签

尧尧是个非常聪明但异常文静羞涩的小男孩，到幼儿园快两个月了，他几乎不开口说话——不管与老师还是和小朋友。根据观察，老师判断他的智力完全正常，尧尧妈妈也说尧尧在家很爱说话，但在幼儿园就是不开口，老师一直百思不得其解，终于有一天，老师发现了其中的一个重要原因。

周一早晨，尧尧妈送尧尧来上幼儿园，尧尧妈看见老师马上让尧尧叫“老师好”，尧尧只是在旁边羞涩地笑，无论如何也不开口，尧尧妈这时忧虑地说道：“我这个孩子从来不说话的，急死我了，不知道能不能改变。”——当时尧尧就站在老师的身边。

在这里，我们想告诉尧尧妈“想要改变孩子，首先改变自己”。改变的首要一点就是别轻易当面评价孩子，更别给孩子贴上任何负面的标签！

有很多父母，遇到孩子不肯在人前表现时，就逼迫孩子，实在不行，就自我解嘲地说：“我家这孩子没出息，就是这样胆小害羞。”这样的做法，实际上不仅仅在打击孩子的努力，更是给孩子贴上了一个永世不得翻身的标签：我就是这样的人，我就是胆小，那些事情对我来说根本没法做到……

事实上，很多家长都会在不经意间评价孩子的某种行为，说他们“胆小”、“自私”、“马虎拖沓”等等。对家长来说，这不过是一时情绪的发泄，然而对于孩子来说，这些“标签”却像魔咒一般，也许终生难以擦除。

孩子就像一张白纸，你给他贴涂上什么，他就会变成什么。爸爸妈妈的这些话事实上就是给孩子贴标签，因为孩子害羞而焦虑过度，于是常常不经意地强调了孩子的缺点，往往给孩子带来许多不好的感受。

——因为我很害羞，我可以不用向人问好。

——因为我很害羞，我可以单独一个人玩，不用和其他小朋友一起交流和互动。

这样的标签更增加了孩子的心理压力，也给孩子带来了不良的心理暗示。有时孩子原本没有爸妈想象的那样胆小，但因为爸妈不断地责备，孩子变得瞻前顾后，退缩不前。

幼儿的可塑性很强。每一个孩子，都可能表现出某些方面的积极行为，而在另一方面则可能表现出消极的行为。教育的作用在于引导孩子朝积极的方面发展。给孩子贴标签，是给孩子的一个定性的消极评价。

害羞的孩子，内心非常敏感，他们特别在乎外人对自己的看法，但是自己又无法去做相应的调整，在他们的生活中，这是一个相当沉重的心理负担。所以，父母更应该尊重孩子的内心感受，同情理解他们的处境，帮助他们找到化解困境的方法，而不是用他们最难以做到的方式去要求他们立即改变。这样的做法，每次对他们来说都会是一次严重的打击，他们的自信心将不断地下降。

作为父母，我们与孩子朝夕相处，是他们最亲密、最信赖的人。如果我们能对孩子充满积极的期待，用赞美、鼓励来与孩子沟通，一直给孩子传达“你真棒”、“你真努力”、“爸爸妈妈相信你”等信息，孩子必定会感受到这些信息，他们就会努力朝着父母期待的方向前进，变得积极向上、乐观开朗。

积极的期待催人进步，消极的期望则会将人推向歧途。如果父母总是以消极的方式定位孩子，给孩子贴上“胆小”、“害羞”、“什么事都做不好”等消极的标签，孩子会认为标签就是自己的属性，从而放弃努力，成为那个令爸爸妈妈头疼的“问题孩子”。

所以，不要随便给孩子贴消极的标签。多看看孩子身上的闪光点，多关注他的细微进步，用积极的标签来鼓励他，你会发现自己的孩子就像你希望的那般出色。

别因为孩子的害羞而责怪孩子

一位妈妈关心地问 9 岁的儿子，腼腆是什么感觉？他说：“就像被咒语镇住了，四肢都发僵。”妈妈则说：“咱们深信不管它多么严峻，在咱们的努力下你都能战胜它！”男孩听到这种鼓励后说道：“就像仙女飘然而至，魔咒被解除了。”

通常来说，孩子都希望成为好孩子，但对于害羞的孩子来说，他们最怕的就是爸爸妈妈对他们的批评和指责。很多时候，孩子原本已经对自己的害羞行为而感到惭愧，如果爸爸妈妈还一味地责怪，他们必然会很难受，长此以往，孩子还会因此失去自信。因此对于孩子害羞的行为，家长们就算感到很焦急，也不要因此惩罚或指责孩子，强迫孩子，而要对孩子给予理解和尊重，让孩子明白，爸爸妈妈理解他们，并正在帮他们找到害羞的真正原因。当孩子感受到来自父母的支持以后，他们才会积极主动有效地树立信心。

当众指责孩子的不足，实际上并不能有效帮助孩子，而是当众羞辱了孩子，哪怕是一件微不足道的事情也会引起孩子强烈的抵触情绪。因此在其他人在场的情况下，爸爸妈妈尽量不要批评孩子，否则哪怕是最温和的方式也很有可能引起孩子的怨愤，在这种情况下不管孩子是否辩解，他已经感到自己在别人面前丢了面子。

也许很多家长还不知道，当众指责孩子的后果非常严重！

1. 容易错怪误解孩子

爸爸妈妈在没了解清楚事情起因经过的情况下，就对孩子进行指责批评，甚至做出惩罚，那么会让孩子感到受到了委屈，感觉自己很冤枉，因此家长随意指责孩子，经常是会错怪误解了孩子，这也会激起孩子的逆反心理。

2. 会伤害孩子的自尊心

每个人都有自己强烈的自尊心，孩子也是一样。如果爸爸妈妈经常随意指责孩子，甚至是在外人面前对孩子挖苦嘲笑，这对孩子的自尊心是极大的伤害。因此，家长不要经常随意指责孩子，更不要在外人面前贬低孩子，使孩子失去自尊。

3. 不利于孩子的性格养成

孩子的性格往往是受到家长的先天遗传影响以及后天教育影响。如果家长平时经常指责孩子，孩子的性格养成过程中容易发生性格扭曲，产生叛逆心理。因此家长要多了解孩子的内心世界，而非经常指责孩子。

总而言之，爸爸妈妈平时应多陪伴和关心孩子，多了解孩子的内心世界和情感需求，多从孩子的角度去帮孩子处身设想，不要随意地去指责孩子。

孩子怕生，爸妈别着急

文文是一个比较敏感的男孩，过年的时候，家里有许多客人来拜年，他就特别怕生人，躲在自己的房间里不敢出来。

爸爸妈妈带他参加朋友的婚宴，他会显得局促不安，当新人入场，音乐响起，大家一起鼓掌的时候，他却大哭大闹，一定要离开，搞得爸爸妈妈好不尴尬。

另外，他的胆子也很小，平时爸爸妈妈带他去公园玩，他连波波池都不敢跳进去。比他小的孩子反而在里面玩得非常开心。

怕生，一般发生在 8、9 个月到 2 周岁左右……1 周岁左右会达到高峰。是孩子发育过程的必经阶段，害怕看到陌生人，看到陌生人会哭，躲开跑开等，都是怕生表现。

孩子怕生是一种自我保护机制。但是，由于每个孩子所处的环境不同、父母的教育方法不同，有的孩子到了 3 ~ 4 岁仍然存在“怕生”的现象。这就需要引起父母的注意了。造成这种“怕生”现象的原因主要有两个：

1. 环境因素

现代家庭多为小型化的 3 口之家，住的又是高楼独户，关上门就是一个小天地。独生子女在家中多数时间仅面对自己的父母，长年累月不与外人接触，慢慢使孩子形成一种习惯，在心理上形成一种“定势”，认为只有和父母在一起最安全、最自在，而见到陌生人则感到不安全。

2. 教育不当会导致“怕生”

有的父母怕孩子单独外出会闯祸，而吓唬孩子，孩子变得胆小，怕见生人；有的父母怕孩子外出受到别人的欺侮，怕吃亏、学坏，认为还是关在家中好；有的怕孩子与人接触传染疾病，情愿将孩子闭门独处。

这些父母都是人为地限制了孩子的活动范围和交往机会，使孩子不能获得外界的信息，过着封闭式的生活，就必然会使婴儿期自然的“怕生”现象延续到幼儿期，甚至还会影响到儿童和青年时期的个性。

那么，对于怕生的孩子，父母应该如何正确引导呢？

1. 父母淡定。对待孩子的怕生问题，爸爸妈妈一定要持有一颗平常心，千万不要当众指责孩子的缺点，要知道，你当着别人的面说孩子怕生，孩子就会潜移默化地觉得自己就是个怕生的孩子。

2. 接受孩子的怕生情绪。在遭遇孩子怕生哭闹的情形时，爸爸妈妈一定会觉得很没有面子，这个时候，我们就要拿出博大的胸怀来接受孩子。尽量做到不批评、不强调。这一点非常重要，各位家长一定要记住。往往在我们坚持一段时间以后，孩子自己就会忘记他的怕生行为了，慢慢就会变得大方起来。

3. 多带孩子出入公共场合。去应酬或者出去跟朋友聚会的时候，如果条件允许的话，我们可以把孩子带在身边，让孩子认识接触更多的人。估计一开始他肯定会排斥或者惧怕，我们要温和对待，要表现得以他为骄傲，以他为自豪。让孩子觉得我们并不因为他的怕生而小看他。

4. 对新环境和家里的来客尽可能事先给孩子预告，这样孩子就可预先知道即将发生的事情，在大脑里有了印象。可预先给孩子设计一下交流用语等，当客人来到的时候，尽可能鼓励孩子接待客人，及时表扬。对新环境的适应，可先让孩子进入一个类似的环境，先观察或参与，让孩子感觉到环境的存在，避免让孩子一下子进入一个陌生的环境，产生强烈的回避反应。爸爸妈妈尤其不要吝惜自己的称赞，应积极奖励孩子行为进步的表现。

5. 有意识经常带宝宝接触外界。如节假日带他到亲朋好友的家走走，去公园或游乐场所与同龄的小朋友一起玩，一开始我们可陪伴在旁与孩子们一起做游戏、讲故事，鼓励孩子与小朋友交换玩具或物品，当熟悉之后可让小朋友们自己玩，使孩子在欢乐中享受到集体活动的快乐和交换分享的乐趣。

孩子不敢当众讲话，爸妈怎么做

家住海淀区的陈女士最近十分苦恼。她今年上六年级的儿子小鲁从小就不爱说话。“以前是觉得孩子还小，不爱说话没什么，可是现在都 12 岁了，每次带他出门，见到邻居、同事，他也不愿喊‘叔叔、阿姨’，后来越发严重，亲朋好友来家里，他也像见了陌生人似的，最多也只是点个头了事，现在，孩子年纪也不小了，可就是不爱说话，真不知该怎么办？”陈女士烦恼地说。

目前，像陈女士这样困惑的家长有很多。为什么有些孩子不爱说话？教育专家表示，有些孩子害怕在众人面前讲话，其原因大致有以下几点：

1. 生理心理的因素。体弱多病，动作迟缓，外貌体态上有缺陷等先天不足的因素，常常会使孩子在生活中受到冷落，久而久之孩子就会感到心理压抑，逐渐形成一种自卑感，在人多时不敢露面，更谈不上当众讲话了。

2. 有的孩子并无生理缺陷，但其神经类型造成他郁郁寡欢。

3. 家庭因素。家长专制、粗暴、冷淡、歧视甚至打骂孩子，孩子就会孤僻。

通常孩子小时候见生人容易不爱说话，但随着年龄的增长，独立性、交际面、胆量会随之增大，这种局面应有所改善，如果依然如故，就应加以引导。

那么，我们怎样帮助孩子在众人面前大胆地说话呢？

对待第一种类型的孩子，爸爸妈妈应在情感方面给予他们加倍的关心与爱护，及时发现孩子身上的闪光点加以鼓励和赞扬，特别注意在众人面前列举他们的优点，并给他们讲一讲有关保尔、吴运铎、张海迪等人物的故事，帮助他们树立自信心，让孩子感到大家都很关心他、爱护他，这样孩子在众人面前也就敢于表达自己的情感、愿望和要求了。

对于第二种类型的孩子，虽是神经类型造成他们的郁郁寡欢，但成人应给予矫治，鼓励孩子积极参加活动，有问题和有自己的见解后勇于说出来，这样各方面才能受到锻炼。

第三种类型纯属环境的影响，矫治的办法是成人应首先亲近孩子、与孩子建立感情，切忌对孩子管制多、批评多、禁令多，即使是孩子犯了错误，也要弄清楚原因，然后再决定批评的方式方法。

总而言之，孩子有了自尊心、自信心和自控能力，遇到问题就会进行自我调节。这样他们就会渐渐变得活泼开朗。

现代社会，特别是市场经济条件下的许多场合，敢于、善于当众讲话，是向他人展示自己才能的重要方式。特别在工作汇报、经济洽谈、理论研讨、艺术交流、诉讼争辩、纠纷谈判……这些场合，当众讲话的能力尤其显得重要。实践证明，敢于并善于当众讲话的人，会得到更多的好印象。因此，他们在求职应聘、提拔晋级以及工作学习中，将会赢得更多的机遇、争得更多的权益、得到更多的尊重、获取更多成功的机会……

鉴于此，请爸爸妈妈们尽早地培养孩子当众讲话的能力，让他们早日具备在大庭广众面前能大胆流畅地表达自己思想的能力，抓住一切机遇去展示自己的才华。

别让孤独带走孩子的笑容

迈克尔·杰克逊走了，众所周知，这位世界级偶像的人生并不快乐，他不止一次说过："我是人世间最孤独的人。"

他说："我根本没有童年。没有圣诞节，没有生日。那不是一个正常的童年，没有童年应有的快乐！"

他 5 岁那年，父亲将他和 4 个哥哥组成"杰克逊五兄弟"乐团。他的童年，"从早到晚不停地排练、排练，没完没了"；在人们尽情娱乐的周末，他四处奔波，直到星期一的凌晨四五点钟，才可以回家睡觉。

童年的杰克逊，努力想得到父亲的认可，他"8 岁成名，10 岁出唱片，12 岁成为美国历史上最年轻的冠军歌曲歌手"，但仍得不到父亲的赞许，仍是时常遭到打骂。

心理学表明：12 岁前的孩子，价值观、判断能力尚未建立，或正在完善中，父母的话就是权威。当他们不能达到父母过高的期望而被否定、责怪时，他们即便再有委屈，但内心深处仍然坚信父母是正确的。杰克逊长大后的"强迫行为、自卑心理"等，当和父亲的否定评价有关。

父亲还时常嘲笑他："天哪，这鼻子真大，这可不是从我这里遗传到的！"杰克逊说，这些评价让他非常难堪，"想把自己藏起来，恨不得死掉算了。可我还得继续上台，接受别人的打量。"

其后，迈克尔·杰克逊的"自我伤害"，多次忍受巨大痛苦整容，当和童年的这段经历有关。

杰克逊在《童年》中唱道："人们认为我做着古怪的表演，只因我总显出孩子般的一面……我仅仅是在尝试弥补从未享受过的童年。"

杰克逊说："我从来没有真正幸福过，只有演出时，才有一种接近满足的感觉。"

曾任杰克逊舞蹈指导的文斯·帕特森说："他对人群有一种畏惧感。"

在家中，杰克逊时常向他崇拜的"戴安娜（人体模特）"倾诉自己的胆怯感，以及应付媒介时的慌恐与无奈。

他和猫王的女儿莉莎结婚，当时轰动了整个世界，但两人婚姻生活并不愉快，莉莎说："对很多事我都感到无能为力……感觉到我变成了一部机器。"1996 他又与黛比结成连理，但幸福的日子持续也并不长，1999 年两人离婚；之后，他又与布兰妮交往甚密，但布兰妮却一直强调：我们只是好朋友。

杰克逊直言不讳地承认："没有人能够体会到我的内心世界。总有不少的女孩试图这样做，想把我从房屋的孤寂中拯救出来，或者同我一道品尝这份孤独。我却不愿意寄希望于任何人，因为我深信我是人世间最孤独的人。"

很明显，造成这位天王巨星不幸人生的因素有很多，正是这些因素导致他成了"人世间最孤独的人"，并且孤独地走完了一生。

在这个世界上，感到孤独的人很多，又或者说，每个人或多或少都有些孤独感，然而，千万不要让孤独成为一种常态，这不正常！

沉溺于孤独的人害怕与人交往，有时会莫名其妙地将自己封闭起来，逃避社会，畏惧生活，孤芳自赏，无病呻吟。他们没有朋友，更没有知心的朋友；他们喜欢自己更胜过喜欢别人，有些"自恋"的味道；他们骨子里是有些自卑的，总是担心自己不被别人接受，索性干脆拒绝和别人接触；他们多以家为世界，以电脑、电视为朋友，只有宅在家里才心安，离开了这个环境，就会感到不安全；他们根本不懂得也不知道如何填补自己的心灵空虚。

杰克逊的遭遇发人深省，幼年时期留下的阴影在他的心里挥之不去，最终走上不归路。

事实上，现代社会的节奏逐渐加快，一些父母忙于事业而无暇照顾孩子，有时候一周也抽不出一天的时间来陪伴孩子。这对孩子的心理成长是很不利的，缺乏陪伴的孩子经常会觉得孤独，他们在自己的世界中盲目地行走，长期下去很容易发展成自闭症。专业的教育知识很重要，但比专业知识更重要的是情感，每个父母在孩子身上最重要的情感表达方式就是陪伴孩子。

想想我们做父母的，一天有多少时间给了孩子？试问一些问题："今天你和孩子聊天了吗？你今天陪孩子读书了吗？晚上陪孩子吃晚饭了吗？和孩子一起解决学习问题了吗？你关注孩子的学习和生活了吗？你观察到您的孩子今天是快乐的呢还是郁闷的呢？您的孩子喜欢和您无话不谈吗？您有多长时间没有拥抱和鼓励您的孩子了呢？"这些问题，想必很多父母都无法回答也没有做到吧。

看看我们都在做什么？"爸爸加班，儿子你自己打篮球吧。""今天爸爸妈妈要参加一个聚会，儿子你去吃麦当劳吧。""儿子，今天你去爷爷家吧，爸爸妈妈要去出差了。"

——每天，作为父母的我们总是疲于奔命，忙于工作，忙于应酬，忙于自己的娱乐，而每次的借口好像为了孩子，为了孩子物质生活更加充裕。长久以来，父母一直自我安慰：一切都是为了孩子才去这么拼命，等挣足了钱再来陪孩子吧。父母的确很辛苦，但是孩子的成长不会等到我们有钱了才长大。我们要挤出时间来陪孩子，不要等孩子出现了问题，才回忆起有好长时间没有陪孩子吃饭了，好长时间没有和孩子下盘棋了，好长时间没有和孩子聊聊天了。为了陪孩子，我们要尽可能取消一些应酬，多抽时间陪陪孩子。

有些东西失去了就不会再回来了，孩子不是产品，不合格可以重新生产回炉，孩子不是雕塑品，随随便便的由我们家长把不喜欢的部分刻掉。孩子的好习惯是日积月累的结果。和孩子在一起，是父母的责任，更是幸福！爸爸妈妈们，请尽量多抽出一些时间来陪陪孩子吧！你会发现原来你的孩子潜力无穷，你会明白孩子多么需要你，你会懂得没有什么比得上一家人暖烘烘地吃一顿晚饭那么温馨，你会顿悟什么叫生活每一个不同的明天而不是重复昨天。

帮助孩子远离孤僻的漩涡

小伟的父母都是教师，而且只有他这一个独生子，对儿子的教育非常严格，小伟从小就被“圈养”在家里。小伟的妈妈特别爱干净，其他小朋友到他家里玩，如果把屋子弄乱了，她会很不高兴，并警告小伟，下次不要把小朋友带到家里来。就这样，小伟的朋友变得越来越少，他也越来越不爱与小朋友们交往了。等小伟稍大一点以后，爸爸妈妈又常告诫他，外面坏人多，对谁都要提防点，做什么事都要小心。小伟上初一那年，一天晚上，他上完自习，独自一个人回家，发现在一个小巷子里，几个社会青年正在殴打一个学生模样的男孩，父母的叮嘱顿时变成了他亲眼目睹的事实。他吓得瑟瑟发抖，拼命地跑回家。经过很长一段时间这种恐怖的感觉才慢慢消失。恐怖的意识虽然消失了，但恐怖的痕迹还是存在。每当小伟看到陌生人，就会产生莫名的恐惧，在惶恐、矛盾、徘徊中，他变得越来越孤僻。

孤僻的人，将自我封闭于一个相对固定与狭小的环境中，由于隔绝了人的交往而往往容易产生心理障碍。这种情况在孩子身上更容易发生。常见的表现是：自闭、胆怯、自私、任性，不帮助别人，也不让别人帮助，忽而自傲，忽而自卑。有的孩子可能学习成绩不错，显示智商颇高，但情商可能偏低。不仅交往能力不足，而且不会妥善处事。造成这种情况的原因可能是长久关闭在与爸妈的小天地里，没有同小朋友玩耍的环境，更难交得知心朋友而导致的性格变异。

孤僻是一种严重的性格发展障碍，通常可以觉察得到。

1. 孤独离群，不会与人建立正常的联系。孤僻的孩子从婴儿时期就不太喜欢和人亲近，即使面对父母也会有疏离感，对父母的呼唤及亲近没有什么反应。当家人要抱起他时，不会伸手表现出期待被抱着的姿势，面对下班的父母也没有分离的不适。

2. 缺乏社会交往技巧。孤僻的孩子不会和小朋友进行交往，找小朋友玩的时候常常突然拍人一下或者拽下衣服，然后自己转身就走了。大多数时候都是自己在那里玩，或者一个人看着外面发呆。

3. 对周围漠不关心。孤僻的孩子常常对周围的事情漠不关心，似乎听而不闻、视而不见。他们愿意怎样做就怎样做，毫无顾忌，旁若无人，周围发生什么事似乎都与他无关，很难引起他的兴趣和注意，目光经常游离，不易停留在别人要求他注意的事情上面，他们似乎生活在自己的小天地里。另外他们的目光不注视对方甚至回避对方的目光，平时活动时目光也游移不定，看人时常眯着眼、斜视或用余光等，很少正视也很少表现微笑，也从不会和人打招呼。

4. 语言障碍突出。大多数孤僻的孩子语言都很少。有的孩子只会模仿别人说过的话，而不会用自己的语言来进行交谈。不少孩子不会提问或回答问题，语言的交流上还常常表现在代词运用的混淆颠倒，如常用“你”和“他”来代替他自己。还有不少孩子时常会发出尖叫。

5. 兴趣狭窄，行为刻板重复。孤僻的孩子常常在较长时间里专注于某种或几种游戏或活动，如着迷于旋转锅盖，单调地摆放积木块，热衷于观看电视广告和天气预报，面对通常儿童们喜欢的动画片、儿童电视、电影则毫无兴趣，一些孩子天天要吃同样的饭菜，出门要走相同的路线，排便要求一样的便器，如有变动则大哭大闹表现出明显的焦虑反应，不肯改变其原来形成的习惯和行为方式，难以适应新环境，多数孩子同时还表现无目的活动，活动过度，单调重复地蹦跳、拍手、挥手、奔跑旋转，也有的甚至出现自伤自残，如反复挖鼻孔、抠嘴、咬唇、吸吮等动作。

6. 智力发育落后及不均衡。孤僻的孩子多数智力发育比同龄儿迟钝，少数智力正常或接近正常。但其在智力活动的某一方面有的又出奇地好，令人不可思议，有不少孩子的机械记忆能力很强，尤其对文字符号的记忆能力。如有个 4 岁孤僻儿童特别喜欢认字，见字就主动问念什么，并且只问一次就记住，因而他能毫不费力地流利地阅读儿童故事书，说明他掌握不少词汇，但当他要用词来表达自己的意思时则存在明显的困难，说明他存在理解语言和运用语言能力方面的缺陷。

实践证明，在良好的方法引导下，孤僻的孩子上述的诸多症状会有所控制和好转。作为父母，我们首先要改变养育方式，多接近，多关心孤僻的孩子，给孩子以温暖，并引导他们更多地参与到社会活动中去。

1. 爸爸妈妈要为孩子创设一个良好的家庭氛围。如果父母不和，经常争吵，孩子就得不到应有的关怀和培养，使孩子的心灵受到创伤，就会因

此而沉默寡言、闷闷不乐，从而越来越孤僻。假如爸爸妈妈经常随意批评、否定孩子，甚至指责、训斥孩子，孩子就会丧失自尊心和自信心，会感到自己很笨和行为不好，这种自我体验几经反复固定下来，就会使孩子形成自卑孤僻的性格，总认为自己什么都不会、什么都不行，谁都不如，因而一个人缩在一旁不敢出声、心情压抑。

2. 扩大孩子的生活空间。当前，由于家居条件、家庭结构等原因，父母常把孩子关在家里，久而久之，孩子就会变得孤僻。父母要让孩子从“自我”的小圈子走出来，让孩子多与邻居的孩子一起玩耍、游戏、生活。

3. 教育孩子正确看待交往中的挫折。孩子在交往中遇到挫折是难免的，可是由于孩子的性格不同，他们对挫折的反应也就不一样。当孩子出现问题时，父母应采取合理有效的方法帮助孩子解决，从而使孩子积极地与他人进行交往。

4. 增加孩子的“参与”意识。孤僻的孩子多着迷于一些缺乏社会交往、社会交流的活动，如看电视、玩游戏机等，对周围的东西不闻不问，对社会、周围的人和事采取不参与的态度。父母必须中断孩子的这些着迷的爱好，多与孩子进行情感沟通，鼓励孩子陪同父母外出采购、参与做饭或帮邻居取奶、取报、送信等，来让他与人进行交往及培养他助人为乐的精神。

5. 要坚持每天带孩子出去到有同龄小孩玩的地方活动，这是非常有必要的。另外，多带孩子到有同龄孩子的家庭串串门，让孩子多多与别的小孩子接触。因为和同年龄的孩子在一起，孩子们相对来说会比较放松，也更容易开口和别人交流。

6. 在与年龄偏小的孩子一起玩的过程中，要充分给予孩子适应的时间和空间。我们要注意细致地观察、挖掘他的长处，创造条件使孩子得到表现的机会，经常以商量的语气、信任的目光、平等的心态与孩子沟通，做孩子的好朋友。

引领孩子走出社交恐惧症的阴影

南南的性格越来越孤僻了，现在见到生人都害怕。小区的其他小朋友在花园里玩的时候，他从来只远远地看着；在外面从来不说话，只喜欢在家里抱着他的玩具狗独自玩；每当家里来了客人，主动和南南打招呼，南南就故意装作视而不见，总是躲在父母后边，现在见到生人都害怕。

每一个孩子最终都要从家庭走向社会，对社会的不适应，过分的腼腆羞涩，会妨碍性格的发展和完善，对孩子将来的学习和工作都会造成不良影响。

是否拥有朋友是孩子能否健康成长的关键因素之一。关心孩子就一定要关心他们的交友，帮助孩子就一定要帮助孩子的交友。一个好朋友的影响力等于或者超过一个好的老师。

孩子交朋友看起来似乎是自然而然的，但是我们忽视了孩子们常常需要父母的引导才能正确地结交朋友。过去人们大都认为，孩子直到上学的年纪才会开始发展真正的友谊，现在的研究却表明，孩子发展亲密的关系最早可以从 1 岁开始。等孩子到了 3 ~ 4 岁，建立这样的亲密关系对他们的自信是非常重要的，而且这样的关系会让孩子在学校的最初几年感觉很自在，这是他们非常需要的。大多数家庭的台历上会有孩子约小伙伴一起玩的日子的标记，这也就没什么可奇怪的了。

现如今，“人际关系”技能已被列为孩子的基本智商之一。正像菲律宾大学临床儿童心理学家马·劳迪斯·卡兰丹所说的那样：“一个社交能

力低下的孩子比没有进过大学的孩子具有更大的缺陷。”

心理学家勒纳·屠阿说，我们应该从最普通的基础开始，也就是说，要从最基本的开始教起。孩子常常模仿着他们看到的社交习惯和方式，其中，他们最容易学到的就是父母在家里接待来访者的习惯和方式，所以，父母要时刻注意自己的社交方式。孩子听父母讲话时会不耐烦，有时候会打断父母的谈话，让父母分享他的看法，这是很正常的。和孩子谈话时，父母应该采用轮流讲话的方式，要多听他讲话，而不是向他训话。

1. 鼓励孩子要大胆交往，父母适度的提醒、节制是必要的。但是，必须看到朋友对孩子发展不可或缺，限制过多往往会得不偿失。所以父母应该鼓励孩子大胆交往，特别引导孩子为弥补个人缺陷而交往，这对孩子来说是一种挑战的机会，这样会给孩子带来突破性和均衡性的发展。

2. 欢迎孩子带朋友回家，如果你家里装修得富丽堂皇，又打扫得一尘不染，而几个调皮的孩子进入你的家门，你会欢迎他们进来吗？如果你这么做了，家虽然被搞乱了，却成为了孩子们的天堂；如果你拒绝了孩子们，哪怕稍有不悦，敏感的小精灵们都可能敬而远之。你一定明白，两种态度必然会有不同的结果。毫无疑问，让孩子拥有伙伴并快乐地生活，比房间的整洁漂亮重要上万倍！

3. 允许孩子有异性朋友，男孩和女孩的交往的确需要关注与指导，但是孩子们是需要有和异性相处经验的，因为社会本身就是由男人和女人组成的，迟早都要面对，况且孩子长大以后哪个不面对恋爱、婚姻等诸多问题，因此强制不如疏导，回避不如面对。要做开明的父母，当然这里的朋友是真正意义上的朋友。

4. 鼓励孩子出去玩，请父母朋友回忆一下自己的童年吧，你一定会悟出一个生活经验，那就是大部分人是在户外活动中结识的好朋友，许多难忘的友谊也是在户外活动中产生的。

第三讲
家庭，孕育勇敢性格的温床

每个孩子在成长的道路上都会遇到许多麻烦，包括人际交往的麻烦。在面对这些麻烦时，胆小怯懦的孩子往往没有坚强的意志去克服困难和挫折。而坚强勇敢的孩子则能够凭借自己坚强的意志，战胜困难和挫折，越过障碍和绊脚石，从而取得成功。爸爸妈妈想要消除孩子胆小怯懦的性格，首先就要为他们培养一颗勇敢的心。

不要把男孩养成乖乖宝

过于听话的男孩是一种心理不健全的孩子，是一种有缺陷的孩子。为什么这样说呢？所谓“听话”儿童，常见的特点是有问题提不出来，不敢与长辈辩论。这样的“听话”儿童，有的只是奴性，却毫无个性和独立性，遇事没有自己的主见，不敢反抗邪恶势力。这样的儿童，其性格已经被扭曲，心理也不健全，自然成了“问题儿童”。遗憾的是，这个问题至今并未引起人们足够的重视，一般人还没有把这种儿童当作“问题儿童”看待。而我们传统的教育观念中，总是夸奖这类男孩，赞美这类男孩，把男孩们的听话视为优点，大加赞赏，把不听话视之为叛逆，大加斥责。这是极不正常的一种教育现象，应该引起我们的深思。

男孩应该有自己的个性存在，他们也有自己的一片天空，应该允许孩子有适度的自由空间（当然，这个自由是有限度的、合理的自由），让他们有展示个性的机会。做家长或老师的，不要凡事都要求孩子“应该这样……”“不应该……那样”，限制太多，我们的孩子就会变得刻板、木讷，缺少个性了，将来更不会有多大的发展前途。每个孩子都是一个活生生的生命，他们不可能每个人都像父母期望的那样，成为同一样模式。在教育孩子方面，观念一定要跟得上形势的发展，一定要熟悉和发展教育理论，再不能一味沿用一些过时的观念来影响和教育孩子了。

父母们应该提倡男孩的自我发展，老师们应该主张学生个性的张扬，这并不是要淡化家长和老师的作用，让孩子随意发展，而是提倡对孩子人格的尊重和培养。对孩子成长过程中的不良倾向还是应该主动地帮助纠正，特别是应该帮助孩子养成良好的学习、生活习惯，从小树立远大理想，有明确的人生目标和高尚的人格追求。那样的话，我们的教育将会更加灿烂辉煌。家长一定要擦亮眼睛，不要因为孩子听话或者顽皮就下什么结论。要相信自己，相信孩子。

小时候，大人总是以听话的孩子是好孩子的标准来衡量小孩，不听话的还要打骂，于是渐渐地孩子的思维就沿着大人们指定的方向走。

甚至，等孩子大了，上了学，基本上也延续着这种成长模式，所以，在这种模式下培养出的人才多了服从，少了提出自己见解的勇气与锐气。

于是，更多的人们似乎总是在一个圈子里走，而能够走出那个思维的圈子，走自己的路的人很少、很少。

太听话的孩子没有个性锋芒，人云亦云；太听话的孩子缺少创造能力，循规蹈矩；太听话的孩子没有鲜活思维，思想僵化；太听话的孩子缺少批判眼光，服从权威。

某市年轻的语文教研员许老师到一所小学去试着上作文指导课。他走进教室时，还没有到上课时间，但学生们见他进了教室，就纷纷坐到了自己的位置上。他见还有好几分钟时间，就提醒大家到外面去玩玩吧，可只有两三个学生站了起来；再次提醒，又站起了几个，而且只是在楼道上走了几步。上课铃响后，所有的人都坐得极其端正：两手在胸前交叉，双肘稳稳地撑着桌面，挺着腰杆，目光一律正视。许老师说“随便点，不要这么端正”，他们没动；又说“来，放松点”，他们依旧；再说“我上课是从来不需要坐好的，不要这样坐，把手放下去！”许老师走到前排几个学生中间，拆散了他们交叉着的手。终于，后面的学生也放松了手。于是，开始上课。课上得很拘谨，举手很少，大多是老师问一

句，他们简单地答一句，不肯多说一个字。奇怪的是，课上着上着，他们原先拆散的手，又渐渐地交叉着撑到了桌面上。“怎么？大家连不坐好都做不到！我现在不是要坐端正，而是随便坐”，许老师说。有几个学生朝他瞅瞅，用一种疑惑的眼光，也许他们觉得奇怪：上课怎么可以随便坐呢？

孩子们在老师的调教下，显得那么可爱听话，习惯在老师的训练下，那么有板有眼。这样的孩子的确受国人喜爱，但长大后的他们，会受世界欢迎吗？他们能接受世界的挑战吗？他们的创新意识还剩下多少？太听别人的话，将来他们什么也干不了，事事都听别人的，因而没了自信心。难道听话的孩子一定是好孩子吗？

那么家长们应该怎样引导自己的男孩既听话又有自己的批判眼光呢？家长可以从以下几点做起：

1. 我们要求孩子行为上要基本听话，整天打架、骂人、不听话不行，但思维上可以不太听话，可以有自己的想法。

2. 孩子小时，以听话为主，要培养良好的行为习惯，孩子大了应给一点“不听话度”，甚至行为上也可以有自己的做法。

3. 让男孩为自己的事拿主意

培养男孩的领袖素质非常重要。父母不要替男孩安排他学习和生活的细节，不应要求男孩唯唯诺诺，而应尽量教他学会自己拿主意、做决定，锻炼果断决策、组织和指挥别人的能力比什么都重要。

4. 培养训练男孩的男子汉独立性

在家里，父母要将男孩当作真正的男子汉，给他独立做事的机会，并及早给他独立自由的活动空间，要有自己的小房间，从形式和内容上都要独立起来。

5. 尊重孩子的喜好

家长可根据孩子对某一科的喜好，鼓励孩子将来向这一方面发展，将来做个“个性独特”的人，而不是打压孩子对某一科的喜好。

6. 培养孩子的自主能力

孩子在成长过程中，自主的能力尚在发育之中，对成人依赖性较强。因此，家长在平时应特别注意培养孩子的自主能力，让孩子在遇到问题时多分析、多思考，并努力通过自己找到解决问题的对策。

让男孩顺着阳刚天性成长

男孩的阳刚之气是从小培养起来的，但是当今的家长却忽视了对男孩阳刚之气的培养，致使很多男孩越来越软弱，逐渐失去了男子汉的气魄。这种现象对于个体、社会乃至整个民族而言，不能不说是一种极大的遗憾。

男孩缺乏阳刚之气是个非常严重的问题，我们应该认识到这一点。所以，我们有必要从小就培养孩子的阳刚之气。因为孩子小的时候，是塑造性格的关键期，你把他雕成温顺的羔羊，长大后他就是温顺的羔羊，你把他塑成勇猛的雄狮，长大后他就是勇猛的雄狮。

有个男孩名叫聪聪，他小时候长得眉清目秀，特别像个女孩。因为他的妈妈非常喜欢女孩，希望聪聪将来能有出息，于是就给聪聪穿上花衣服和裙子，扎上两条可爱的小辫子。很多人见了，都说“这个小姑娘长得真漂亮”。

而聪聪的父亲是一家公司的负责人，他性情粗犷，从来没有与儿子谈过心，父子俩一年难得有一次交流的机会。妈妈一直把聪聪带在身边，晚上抱着儿子入睡。直到聪聪长到 9 岁，才让他分床自己睡。

可是这个被人夸的“小姑娘”，在他 15 岁的时候，因为爱上同班的一个男生，向对方表露爱意时被拒绝，最后选择自杀，所幸因抢救及时而保住生命。心理医生的检查结果让男孩的父母大吃一惊：父母培养孩子性别失衡，造成了儿子的性心理障碍。

由此可见，父母培养男孩时若把握不当，把男孩子当作女孩来培养，就会造成孩子的“性心理障碍”。

身为父母，在家庭的日常生活中，不要阻碍男孩阳刚气质的发展，比如说“你不能这样，你也不能那样”，更不能把男孩女儿化。只有这样，让男孩在男人阳刚天性的支配下，自由地去成长，才能成长为真正的男孩。

性心理学家研究认为，男孩和女孩生来就具备自身伊始的性别天性，比如在做游戏时，女孩常常玩的是过家家，而男孩常常是舞刀弄枪、追追打打。而现在的许多父母在管教男孩的时候，往往会限制和禁止他们的行为，这就无端地抹杀了他们成长的性别天性。

所以，培养男孩就应该像庄子种葫芦那样，采用自然之法，让他们顺着男人的阳刚天性去成长，而不是禁止和限制他们的天性。

培养气质阳刚的男孩，家长可以从以下几点做起：

1. 培养训练男孩的男子汉独立性

在家里，父母要将男孩当作真正的男子汉，给他独立做事的机会，并及早给他独立自由的活动空间，要有自己的小房间，从形式和内容上都要独立起来。

2. 父母要注重培养男孩的领袖素质

培养男孩独特的个性，父母不要替他们安排学习和生活的细节，不应要求男孩唯唯诺诺，而应尽量教他学会自己拿主意、做决定，组织和指挥别人的能力比什么都重要。

3. 父亲要给男孩做好男性榜样

父亲要给男孩做出好的男性榜样来，要给他鼓励、支持和时间与空间都到位的父爱，因为缺少父爱的男孩会“人格缺钙”。

4. 培养男孩适应社会的能力

父母要培养男孩适应社会的能力，让他能与同龄人广泛地交往，树立自己的良好公众形象与公信力，这是男孩走向心理成熟的必经之路。

从发展心理学的角度看，儿童的“战争”观念和成人的“战争”观念不同，前者是一种游戏行为，而不是成年人心目中的道德行为。美国心理学家丹尼鲁·庞斯认为，儿童之间的“战争”游戏应该说是正常的，有助于儿童建立社会正义感。

于生活细处培养勇敢精神

我们都希望自己的孩子具备勇敢的品质，但有些孩子胆子却很小。比如有的孩子每当父母不在身边时就会感到害怕，有的孩子怕黑，有的孩子怕“鬼怪”，等等。这是在培养孩子的过程中父母出现了问题。这主要表现在三个方面：

1. 家长喜欢吓唬孩子

很多父母在孩子不听话或是哭闹时，就会采取恫吓的方式逼孩子乖乖听话。比如说："你要是再哭，我就把你送到山里喂狼！"以类似的话语恐吓孩子，导致孩子丧失了安全感，因而变得胆小怯懦。

2."圈养"导致孩子怕生

很多父母因为过分担心孩子，常将孩子"圈养"在家中，使得孩子的生活圈子非常狭小，甚至有可能十天八天见不到生人，这使得孩子容易一见生人就躲，旁人一抱便哭。到了幼儿园，碰上新环境、新老师，则更是胆小。

3. 限制太多

父母限制孩子的活动自由，将外界一切事物塑造成毒蛇猛兽，这在很大程度上消弱了孩子尝试的勇气。造成孩子不敢从尝试与实践中获得知识，取得经验，这同时也造成了孩子的胆小怯懦。

因为胆小，孩子在公众场合不敢发言，在面对陌生人或在一个不熟悉的环境中时，他们往往会害羞，显得局促不安，不能与人坦率自然地交往；在学习和生活上，胆小的孩子总是缺乏主动性、勇气和信心，所以可能错过了原木属于白己的成功和机会。可以说，胆小是孩子成长、成功道路上的绊脚石。

为了避免以上问题的出现，父母应该注意自己的教养方式，在日常的小事中就注意培养孩子的勇敢精神。

有一次，欢欢着凉患了感冒，吃了一些药仍不见好转。妈妈只好带他到医院看病，医生建议要打针，否则高烧可能引起肺炎。可妈妈听到后有些担心，不自觉地皱起了眉头。

欢欢第一次听到"打针"这个词，然后看到妈妈神情紧张，又看到医生忙碌地摆弄针头和药品，就"哇"的一声哭起来。当医生把注射器扎下去时，欢欢哭得更厉害了，妈妈后来知道是自己紧张的情绪影响了欢欢，她决定第二天采取另一种态度。

第二天，妈妈又带欢欢去医院打针。欢欢一看到昨天那个医生就立刻哭起来，这一次，妈妈平静地说："欢欢，打针没什么可怕的，你昨天不是刚打过吗？没什么啊。"

"可是，我怕疼……"

"疼有什么好怕的，妈妈小时候不知道打过多少次针呢，为了治病，这点疼算得了什么？我相信你是个勇敢的孩子。"

欢欢听到"勇敢"这个词，顿时忘了害怕，这一次，他不仅没有哭，还和医生聊起了天。

由此可见，很多时候，锻炼孩子的勇气，往往是对父母勇气的考验。如果父母对困难或危险感到害怕，那么他们培养出来的孩子就不可能勇敢。每当孩子遇到"棘手"的事情或遇到困难时，父母应该给予鼓励，让孩子勇敢地去闯，那么孩子也是能闯过去的。

庞秀玉的三个孩子自从出生以来，由于家庭变故及经济条件的限制，从来没有去过公园。

前些天，庞秀玉带着三个孩子来到人民公园，三个小家伙立刻撒开了欢儿，老大要爬假山，老二要去草坪上捉蝴蝶，老三则非要开"坦克"。三个孩子朝着三个不同的方向使劲拽着妈妈的衣襟，一时间庞秀玉被搞得焦头烂额。

"谁大听谁的。"妈妈提高了嗓门，三个孩子顿时安静了下来，广韵、广雅小姐妹还有些愤愤不平。因为身旁的大哥正朝她们俩做着"鬼脸"，嘟囔着"我大"。

站在"航天飞机"前，三个孩子再也不想动了，大眼睛死死地盯着正在头顶上"飞翔"的"飞机"。但当给他们买好票，送他们上"飞机"时，广韵、广雅小姐妹却没有征兆地哭出声来，拽着妈妈死活不肯上“飞机”。

最终，还是大哥最为“勇敢”，咬牙跺脚地上了“飞机”，条件是必须由妈妈陪伴。5 分钟的飞行很快结束，走下“飞机”时，这个小家伙的额头已经沁满汗珠，手心也是冰凉冰凉的，可却依然保持着勇敢者的姿态，不断东张西望寻找着两个妹妹。

此时的广韵、广雅小姐妹已经在妈妈的一再鼓励下壮着胆子走上了旋转滑梯，很快，银铃般的笑声连成了串。

可见只有让孩子勇于尝试，他才能知道事情的真相；只有锻炼孩子的勇气，才能让孩子变得勇敢。每一个孩子都是一个天才，重要的是大人们要去发掘。培养孩子的勇敢精神也是一样，只要家长肯给孩子鼓励，那么孩子是不难做到勇敢的。

培养孩子的勇敢精神，家长可以从以下几点做起：

1. 父母要找到孩子的恐惧源

只有找到孩子的恐惧源，才能对症下药，给予孩子适当的教育和引导。一个幼年孩子也许会怕黑暗、动物、噪声、陌生人等，大一些的孩子可能会害怕被同龄人排斥、害怕失败、害怕失去亲人、害怕原子弹爆炸后的人类灭绝等。

2. 帮助孩子克服恐惧的心理

如果孩子害怕的东西很实际（例如怕狗或是怕黑），那就要和孩子一起面对它，只有经过耐心的循序渐进的鼓励和引导，孩子才会慢慢克服恐惧的心理。

3. 让孩子在挑战的环境中锻炼勇气

我们不仅仅要帮助孩子克服恐惧心理，还要把孩子放在充满挑战的环境中，让孩子得到勇气的锻炼。只有经过失败和风险的磨炼，孩子才会真正勇敢起来。例如，骑马、搏击、潜水、登山、探险、极限生存挑战等，都是孩子锻炼体能和勇气的方式。但是，要想超越感情和精神的极限，就需要大量的时间和人生经验了。

不要打击男孩那颗英雄心

每个男人在幼年的时候都曾经立誓要做个英雄，在这一点上爸爸绝对是一个过来人。尽管和儿子当下的英雄观有着某种时代的跨越，但当时的感觉肯定是一样的。因此，面对男孩时不时的英雄情结，家长千万不要打击和否定，相反给他一个当英雄的机会，说不定他会因成就感变得更加优秀。

不论是男人还是男孩，假如没有点英雄情结必然少了那么点阳刚之气。假如爸爸回忆自己的童年，必然也会联想起当年心中崇拜的偶像，他们个个替天行道，勇敢而正义。也许在这些英雄形象当中有很多人物是虚构出来的，但就在那个时候却让很多现在做了爸爸的人时常产生幻想，认为自己就是那个英雄的主角，能够行侠仗义，总是能在第一时间出现在需要帮助的人面前，成为众人的期待，领受大家的敬仰。

同样，现在的孩子也常常会有类似的行动，他们常常会幻想自己是某个故事中的英雄，武功盖世，势不可当。尽管他们当下是那么的弱小，却总是渴望马上过一把当英雄的瘾，靠自己的能力保护身边的所有人。尽管这个出发点是好的，可作为一个孩子，很多行为真的让大人无法理解。他们常常会把家中的晾衣架当成自己替天行道的宝剑，本来是想在家里尽情幻想一番，却在不经意间打碎了摆在桌子上的花瓶。他们常常想学着电视里的情节英雄救美，却发现事实并没有沿着自己希望的方向发展，要么被老师以与同学打架闹不团结为理由进行一番严厉的批评，要么就是因为对方过于强大，一个屁墩摔到了一边。总而言之，男孩的英雄情结常常会给家长带来各种各样的麻烦。

作为父母，平时工作很忙，压力很大，回家看到孩子拿晾衣架打碎的花瓶玻璃心中必然会升起一团怒火：“在家不好好待着，没事儿拿晾衣架打花瓶玩儿干吗？我在外面玩命赚，你就在家里玩命摔，怎么养了你这么个败家的小祸害……”假如男孩因为英雄救美没成功，在班里受到批评请来家长，很多父母一时之间就会觉得很丢人：“上学不好好上，还没事和同学打架。老师要请家长，我还得一个劲儿地赔不是，要万一把人打坏了怎么办？

其实，男孩生性好动是很正常的事情，假如一个男孩在童年时期没有闯过几次祸，那只能说明他在性格上绝对是比较孤僻的孩子，需要大人细致入微的帮助和引导。假如他们因为想做英雄而难以得到大人的理解，或是因为这个理想常常遭到他们的嘲笑和打击，时间一长内心就会产生一种自卑和失落，即便是以后遇到一些自己完全可以凭能力解决的事情，他们也会开始对自己产生怀疑，再也捡不起昔日的自信，这对于一个男孩的未来人生轨迹都会产生相当不利的影响。

亮亮曾经是一个活泼的男孩，可是最近家人却发现他总是闷闷不乐，只要一遇见事情就会不由自主地去逃避，倘若有人问他为什么不去做，他便抿着小嘴嘟囔说：“我没有他们优秀，做什么都做不好，干吗要去那里丢人？”

原来亮亮以前特别爱看动画片，那些动画片里的英雄形象总是会吸引他童真的目光，他时常幻想自己能跟他们一样，具有超凡的能力，三下两下就可以把敌人打得片甲不留。随着这种想法的加深，亮亮开始辨不清自己究竟是身在虚幻中还是现实里。于是，只要他一看到自己认为可以行侠仗义的事情，不问青红皂白就要上去管一管。这一管不要紧，每一次亮亮出手以后都会让爸爸妈妈欲哭无泪，他们一面低着头去跟别人承认错误，一面心里一股火一股火地往上冒。尤其是亮亮的爸爸，每次都抑制不住心中的怒火，把亮亮拉到一边就是一顿训斥。

“你到底要干什么？今天把人家小朋友脸抓破了，明天把人家阿姨的包划一大口子。你是不是没事吃饱了撑得啊？一天到晚不知道想什么呢？你跟我说这是怎么回事。”“我是想做好事，小刚欺负女同学所以我就上去给了他一下子。至于阿姨的包，我不是成心的，我开始还以为她后面的那人要抢她的东西。”“就算这样关你什么事啊，你以为你是谁啊？你上去人家没两下就把你收拾了，更何况人家根本不是那意思。本来两个人玩得好好的，你非得上去添乱，本来人家阿姨后面跟着一个人准备帮她拿东西，你非把人家包抢过来还给弄坏了。你是不是多此一举啊。”“我只是想做一回英雄……”“英雄？你这哪是英雄啊，狗熊都比你聪明。就你这样以后还能干出什么英雄的事啊，少给我们添点麻烦已经算万幸了……”

时间一长，亮亮心里似乎就对“英雄”这个词产生了阴影，觉得那是自己这辈子想都不应该想的角色。慢慢地，他开始少言寡语，丧失了自信，即便是有能力也不再会像往常一样积极表现，为自己争取了。

其实，男孩的心很脆弱，家长即便当时对他的行为所造成的结果大为不解，但也要尽可能地抑制自己的怒气，查明真相。尽可能地不要去打击孩子心中的那点英雄般的自信心。相反，有些时候，我们不妨给他们一个成就英雄梦想的机会。既要对他们的英雄情结予以肯定，又要指出他们行为上的错误，帮助他们树立正确的英雄观念。毕竟真正的英雄未必都会打打杀杀逞匹夫之勇，而是要依靠自己的智慧和执着进取的精神为别人谋得

福利。倘若家长能够切实有效地为他们指明英雄之路的方向，相信男孩一定会慢慢远离闯祸行为，向着心目中真正的英雄目标努力前行了。

面对孩子错误的英雄意识，家长首先要做这样几件事：

1. 游戏之间体味英雄成就：跟男孩做做游戏，适时在游戏中担当一下反面角色，给他们假想的余地，让他们体味一下英雄胜利时的喜悦。

2. 讲明英雄的真实含义：作为家长，在面对孩子爱闯祸的问题时，应尽量保持一种谦和的态度，帮助他们树立正确的英雄意识。这时候爸爸妈妈不妨结合生活中的一些小例子，告诉孩子如何才能成为真正的英雄，并不断指引他们向正确的方向努力。

3. 树立正确的英雄榜样：由于动画片中的英雄有一定的局限性，尽管在整个故事中孩子已经分清了谁是好人谁是坏人，但却往往很难帮助孩子指明如何才能行使正确的英雄行为。这时候，爸爸不妨给他们点出几个英雄榜样，以他们真实的人生经历为例，告诉孩子怎样做才真正算是正确的英雄之举。

给孩子找几个英雄来崇拜

孩子天生是模仿家，他们会模仿大人们的举动和行为。当然，孩子最愿意模仿的是自己心目中的“英雄”的举动，所以说选择英雄就成了最重要的一步。在孩子的成长历程中，不同的年龄段随着客观环境的影响，会随时改变自己崇拜的英雄，因此，爸爸妈妈不妨给孩子找几个值得孩子学习的英雄，帮助孩子确立正确的观念，这也是帮助孩子形成正确的价值观和人生观的关键步骤。

爸爸妈妈总会发现，孩子心目中崇拜的“英雄”多半是来自于动画片或者是动漫，比如说孙悟空、阿童木、一休、变形金刚等，这些动画片中的英雄会让孩子感受到一种强大的吸引力。或许爸爸妈妈不理解孩子为什么会喜欢这些不存在的人物，但是不可否认这些“英雄”身上都具备正义善良、聪明勇敢、神通广大的特征。随着孩子慢慢长大，可能他们心目中的英雄会转变为一些武侠打斗片中的侠客和绿林好汉。可见，随着孩子的成长，他们在变化着自己心目中的英雄形象，所以说在此期间，父母们就要为孩子做出判断，以免孩子确定的“英雄”并不能帮助孩子健康成长。

生活中，不难看到一些小孩会模仿阿童木的形象，将自己的右手握成拳头，然后做出一飞冲天的姿势，似乎他要飞上天，做出拯救人类的伟大举动。爸爸妈妈看到孩子这样做或许还不明白孩子在想些什么，其实这就是孩子在模仿自己心目中的英雄，希望自己也能够像阿童木那样，拥有超人般的力量。此时爸爸妈妈千万不要批评孩子的举动，而是要懂得给孩子找几个他们值得崇拜的英雄，帮助孩子通过向英雄学习变得更加的勇敢和正直。

有的孩子从小就经常打架闹事、惹是生非，其实很多时候与他们所崇拜的英雄有关。“英雄是如何做的，我就应当照样子去干”，这就是一些男孩的想法。同时，孩子会有意模仿他心目中英雄的语言和形象。这样看来，爸爸们要想从根本扭转或改变孩子的不良行为，就要了解一下孩子心目中的英雄到底是谁了，恐怕这也是让孩子少闯祸的关键因素之一。

小鹏鹏平时很喜欢看动画片，尤其是最近电视上总在播放的《喜羊羊与灰太狼》，只要是电视上播放，他就会看，不管看了几遍都不会烦。鹏鹏的爸爸觉得小孩就应该看动画片，有的时候鹏鹏还会模仿动画片中的灰太狼说“我还会回来的……”但是他的爸爸只是觉得孩子看得太投入了。

一天幼儿园的老师给鹏鹏的爸爸打电话，说鹏鹏将幼儿园的玩具都拆坏了，别的小孩要想玩也没有办法玩，他还霸占着。鹏鹏的爸爸感觉事情不太对劲，因为儿子在家从来不这样，于是，下班之后就赶快去了幼儿园。

到了幼儿园，儿子已经在老师的办公室了。他问鹏鹏为什么要将玩具都拆坏，鹏鹏说：“我要制造出更强大的武器，然后打败喜羊羊……”听到儿子的话，他终于明白了儿子的做法，他向老师解释说儿子太喜欢看《喜羊羊与灰太狼》了，可能是崇拜灰太狼了吧。“爸爸，灰太狼总是打不过喜羊羊，为什么一只大灰狼还打不过一只羊呢？狼那么大，羊那么小。”儿子接着问道。

回到家，他把儿子叫到了电视前，然后指着电视上的灰太狼说：“儿子，你见过会说话的狼和羊吗？”儿子摇摇头。然后他又对儿子说：“你看小羊多可爱，如果灰太狼打败了喜羊羊，那么灰太狼不就把喜羊羊吃了吗？灰太狼那么凶恶，它总是想要吃掉可爱的小羊，你还要帮灰太狼制造出强大的武器来吗？”儿子听了爸爸的话，似乎想明白了什么，然后说道：“灰太狼想吃了小羊，那我才不要帮它制造武器呢。”之后，儿子在学校再也没有破坏过玩具。

爸爸妈妈弄清儿子心目中的英雄是谁，就是为了帮助孩子分析他心目中的那位人物是否是英雄。如果不是英雄，就如同上面的鹏鹏爸爸一样，那么就要赶快地正确地引导孩子，朝着正确的方向发展。即使是英雄也要看看是不是存在于现实生活中的。切不要将反面人物当成英雄，也不要将虚无缥缈的神仙、怪物当成英雄。所以说爸爸妈妈需要做的就是帮助孩子确定正确的崇拜对象，这样对他们的成长是十分有帮助的。

相信，爸爸妈妈在小的时候一定有自己崇拜的英雄，并且还不止一个，随着年龄的增长，自己心目中的英雄也在发生着变化。当然这种崇拜的对象不一定是英雄，只是自己崇拜的偶像。孩子也需要自己崇拜的偶像，也就是他们心中的英雄，所以说不妨给他们确定几个英雄崇拜，这也是有助于他们的性格形成的。在生活中，爸爸妈妈要找什么样的人物做孩子心目中的英雄呢？

1. 切忌反面人物。即使反面人物身上有很多的优点，比如勇敢、讲义气，也不要让这些人成为孩子心目中的英雄，因为孩子往往会最直观地看到人物身上最外在的东西，而反面人物最外在的东西也许就是凶残、暴躁等。

2. 切忌现实中不存在的人物。很多孩子喜欢看动画片，所以会将一些神怪作为自己的偶像，认为他们神通广大，这些神怪身上当然也有长处和优点，但腾云驾雾、乱杀滥打却绝不是长处和优点。

3. 孩子确定了崇拜的英雄之后，要帮助孩子分析。爸爸妈妈在给孩子找到适合的英雄崇拜之后，关键是帮助孩子分析这些英雄身上的品质，做好正确的引导工作，让孩子学习他们身上的优点，不要学缺点和不足。

鼓励孩子的冒险精神

孩子都有一点冒险精神，总喜欢做一些在大人看起来很“危险”的事，比如他们喜欢爬高，喜欢碰一些他们不认识、不了解的东西。这种行为常常会引起他们父母的忧虑，有的父母干脆对孩子的冒险行为大加训斥，结果慢慢地孩子们就再也不敢去冒险了。然而教育学家告诉我们，不能因为危险，家长就禁止孩子去做，这样会使孩子渐渐形成胆小懦弱的性格。而通过冒险取得成功，就会使孩子对自己的能力产生自信；就算失败，孩子也能从中学会如何应对挫折。因此，父母应鼓励孩子适当地去冒险。

一位年轻的母亲殷切地盼望自己的孩子将来能够成才。

一天，她带着 6 岁的儿子找到一位著名的化学家，想了解这位大人物是如何踏上成才之路的。知道来意后，化学家没有向她历数自己的奋斗经历和成才经验，而是要求他们随他一起去实验室。来到实验室，化学家将一瓶黄绿色的溶液放在孩子面前。

孩子好奇地看着它，显得既兴奋又不知所措，过了一会儿，终于试探性地将手伸向瓶子。这时，他的背后传来了一声急切的喝斥：“危险！快放下！”母亲快步走到孩子旁边，孩子吓得赶忙缩回了手。

化学家哈哈笑了起来，对孩子的母亲说：“我已经回答你刚才的问题了。”母亲疑惑地望了望化学家。化学家漫不经心地将自己的手放入溶液里，笑着说：“其实这不过是一杯染过色的水而已。你的一声呵斥出自本能，但也呵斥走了一个天才。”

要锻炼男孩的勇气，常常对父母自身的勇气是一个考验，他们往往对孩子的安全过于担忧，为防止万一发生危险，而宁愿牺牲孩子锻炼的机会，就像这位母亲做的一样。然而，这样做事实上是很自私的。父母更多地是为了保护自己的孩子不受万一可能发生的危险的伤害，害怕自己不能承受由此而来的打击，所以为求保险而加倍保护，造成孩子缺乏勇气的弱点。我们需要克服这种自私，为孩子的将来着想，大胆鼓励他们去做力所能及的事情，做一个勇敢的孩子。不要轻率地否定孩子要想试一试自己能力的努力，不要说“不行，太危险了”之类的话。

一位儿童心理学家说："人应该有探索，有追求。而这些都要从培养孩子的独立性和主动性做起。""初生牛犊不怕虎"，孩子本来是无所畏惧的，他们喜欢冒险，积极探索的精神就是从这里产生的。

西方幼儿教育很注意让孩子们在各种冒险活动中去体验成功的滋味，锻炼勇气和信心。比如在看马戏时，让一头身挂很多玩具的牛，在舞台上来回走动。主持人宣布，愿意上台摘玩具的孩子，只要把玩具拿到手便归自己，另外再发奖品。孩子们都踊跃上台，而在座的家长却没有人会加以阻止。如果孩子在拿取牛身上的玩具时表现得很勇敢很机灵，便会博得全场一阵阵热烈的掌声。孩子们在克服重重困难中增强了勇气和信心。这种积极进取、不畏艰险的精神，是由既放心又放手的勇敢的家长培养出来的。

当然，也有些孩子过于胆怯，回避所有的冒险情境。如果是这样，父母就有必要跟孩子谈谈他们所回避的情境，鼓励孩子去冒险，因为在这些情境中的冒险体验有助于他们勇气与身体的发展。

这类情境可以是课堂上孩子不愿举手回答问题；也可以是体育课上不愿尝试做动作等。一旦发现孩子有这种倾向，你可以以朋友的身份和孩子就以下方面进行讨论：可能有的风险、可能的后果以及享受好处的方式和应对坏处的办法。你可以这样问孩子：

"你认为最糟糕的情况会怎样呢？"

"为什么不尝试一下，看看做得好或不好，你分别会有什么感受？"

引导孩子说出回避风险的感受会让他们明白，他们之所以错过有趣的事情，是因为胆怯而不是不感兴趣。而且通常孩子一旦说出了自己的恐惧，那么他们对自己承担风险、处理后果的能力也会更为自信。

有一个 6 岁的孩子住在学校附近，但从家到学校要走 15 分钟，一路上有三个红绿灯，横过两条马路，在开学的第一个星期里，每天都是妈妈接送他上学放学，可就在第二个星期一，妈妈却决定让他一个人去上学。孩子感到害怕，不停地说："妈妈送我去！"但妈妈却温和而坚定地拒绝了他："孩子，过去的一个星期里，妈妈已经告诉过你怎样等绿灯，怎样横过马路，怎样安全地到达学校，现在该是你去试试的时候了。"孩子走了，他规规矩矩地按照妈妈的嘱咐过马路、等绿灯，看到学校的大门时，他高兴地跳了起来，看到其他被父母牵领着的孩子，小男孩更觉得自豪了：他是一个人走来的。然而他却不知道，他的妈妈一直在不远处跟着他，一路上妈妈的害怕要比他多十倍，直到看见他走进学校才松了口气。

这位母亲确实冒了险，不过当可能收益大于可能的损失时，这种风险就是合理的风险。在这个故事中，孩子虽然冒了独自上路的危险，但却获得了宝贵的收益：独自闯荡的勇气。

当然在冒险之前，父母必须教会孩子先做好各种考虑，要让他们知道只有事先考虑好了各种情况，到时才不会出问题。而对于冲动的孩子，你则可以通过对话帮助他们学会对所冒的风险做出考虑，而后再让他们去冒险就能使他们从中受益。如果冒险十分危险，你就应该坚决反对他们去冒险。但如果危险较小，可以控制的话，你就可以根据上述的问题让孩子在决定做某事之前，先考虑其中潜在的危险。一旦养成了事先思考的习惯，孩子自己就能去区别鲁莽的冒险与合理的冒险。

帮孩子分清勇敢与粗暴的区别

孩子打架，是青少年成长过程中的正常现象。父母要引导、要教育，让男孩分清勇敢无畏与蛮横粗暴的区别，而不要纵容孩子报复，更不要袒护。要让孩子讲理，父母首先要明理，否则孩子将会成为一个不负责任、强词夺理的人。

小超是个沉默的孩子，在学校里面不太喜欢与人交流。不过，他的学习成绩很好，很多女孩都在暗地里把他称为“酷哥小超”，他在女生里面可是绝对有号召力的。

不过，有些调皮捣蛋的男生却看小超不顺眼，说小超故意每天这样装着一副冷傲的样子，让女生为他着迷。拿“捣蛋鬼”淘淘的话来说，“小超就是故意装冷傲的样子，我怎么看，怎么不顺眼！”

这天，班里面进行大扫除，淘淘和几个男生在一边故意偷懒，被老师抓个正着。老师对几个人批评道：“你们就是这个老样子，劳动的时候从来都是能偷懒就想方设法偷懒。难道你们就不能向小超学习吗？”老师边说边指着正在认真擦窗户的小超说：“别人都在卖力地干活，你们却像‘小少爷’？”听罢老师的训斥，淘淘心中很恼火，凭什么要拿自己和这个讨厌的小超作比较?

放学时，淘淘在路上遇到回家的小超，便故意找茬儿，和小超争执。淘淘凭借自己的大块头给了小超一拳，小超没有还手，淘淘一溜烟地跑了。

小超回到家，妈妈看到儿子眼角瘀青，焦急地问道："你的脸怎么啦？和人打架了？"

小超回答说："没事，刚才被淘淘打了一拳。这样的人，我才懒得理呢！"

妈妈却一副不答应的样子，气愤地说："他打了你，你怎么不打他啊？"

如今社会进入了竞争时代，很多父母也"与时俱进"，不再讲究"温良恭俭让"了。孩子在外面和小朋友打架，回家后不免向父母诉说一番，有的父母就问："他打你没有？"

"打了。"

"他打了你，你怎么不去打他？"

父母把敢不敢与人打架看作孩子有没有竞争意识，而且不断地向孩子灌输这样的观点："太老实了容易受人欺负，就得以血还血，以牙还牙，反正不能吃亏！"

这种教育方法是很危险的，按照父母的推理，别人打你，你就打别人；别人偷你自行车，你就偷别人自行车；别人偷窃抢劫，你也偷窃抢劫……在这种教育观点下，孩子很容易变成了一个"占便宜没够、吃亏难受"的人，这样的人无疑不会被社会所接受。

父母们应该知道，这样的所谓算账和报复，只会使孩子之间的打斗更进一步升级，而且可能使无意的伤害转变为有意的报复。有些孩子还会错误地认为父母总会偏向自己，即使自己不对，先打了人也无所谓，最后就变本加厉，肆无忌惮起来。

如果孩子真的挨了打，受了伤，父母最好能保持冷静，倾听孩子的申诉，教导孩子以后尽量避免"用武力解决问题"。同时，也可直接找欺负自己孩子的孩子问清事情原委，教导孩子们应该和睦相处，必要时还可以找对方父母，共同进行教育。

当孩子与人打架时，不要责备孩子怎么不还手，或是叫自己的孩子再去找别人“算账”，正确的方法应该是和孩子一起分析产生矛盾的原因，让孩子自己去理解并找到解决问题的方法。父母还应该找到打架双方的孩子，尽量劝解两人不要打斗，以免事态扩大，造成不良后果。

第四讲

爸妈放开手，孩子不露怯

不给予孩子锻炼的机会，孩子就会丧失独立的能力。孩子总要学着自己长大，对家长而言，关爱孩子，不妨“该放手时就放手”，培养孩子的自主意识、责任意识与社交能力，而这种“放手”，恰恰是对孩子能力的信任、人格的认可。从家长的角度来看，放手让孩子自己去做事，与其说是锻炼孩子，不如说更考验自己。家长应该适当勇敢些，有勇气接受这种考验。

别把孩子一直兜在襁褓中

任何孩子都不可能永远在父母的羽翼下成长。他们若不能够独立自主，那么必定会被生活淘汰，被社会淘汰。孩子是未来家庭的支柱，未来社会的支柱，我们必须让他们独立起来，让他们成为社会的主人。

翠鸟为了避免灾祸，往往把窝筑在树的高处。

可是有一个翠鸟妈妈在孵出小鸟之后，怕小鸟从高处的窝里掉下来摔死，于是把窝向下移。等小翠鸟长出羽毛能够学习飞翔的时候，这个翠鸟妈妈没有教给小翠鸟飞翔的本领，让它自己去觅食，而是更加喜爱它，越发怕小鸟摔死，又一次向下移动鸟窝，直到鸟窝移动到离地面很近的树杈上时，它才完全放心。

然而，当路过树下的行人发现小翠鸟时，稍一举手便轻而易举地把小翠鸟掏走了。

翠鸟移窝，原本是为了爱护小鸟，让它健康地成长，然而它的做法却给小翠鸟带来始料未及的灭顶之灾。症结就在于翠鸟妈妈不给小翠鸟独立的机会，这和现在好多溺爱孩子的父母非常相像。所不同的是生活在父母溺爱的环境下却不能独立的孩子，要比这只小翠鸟可怜得多，因为那只翠鸟只是被人抓走尚且还有人喂食，而脱离了父母羽翼不能独立的孩子，则是没有人“喂食”的。

与翠鸟爱子相反，母燕对雏燕的教育方式颇值得我们人类学习。当雏燕羽毛渐丰时，母燕就要呢呢喃喃，鼓励雏燕飞出窝来，并教它们展翅飞翔，决不让它们贪恋小窝的温暖。一天、两天，在母燕的扶持下，雏燕的胆子大了，翅膀坚实了，渐渐地低飞、高飞、掠水，终于能愉快地翱翔于一碧无垠的天空，经得起风吹雨淋，具备了独立地走南闯北的本领。

母燕之所以不让孩子永远处在父母的羽翼之下，而要教育它们具有冲霄高飞的意志和力量，这是大自然对它们提出的生存要求。母燕的爱是建立在帮助下一代提高对环境的适应能力和与困难抗争的本领上，它着眼于将来，而非顺应、迁就，这正是母燕比翠鸟妈妈聪明之处。

我们爱孩子，也应考虑到社会、时代和未来对人类提出的要求，教会孩子懂得怎样迈出生活的第一步，使他们独立的步子更稳健，在艰难险阻中不断进步和完善。

某个周日，小强要爸爸陪自己去书店买两本学奥数的书，可是爸爸却想让他自己去买以培养他的独立意识，于是告诉他书店离家没多远，骑车子去就可以了。妈妈也赞同爸爸的意见，向小强投来了鼓励的目光。

在爸爸、妈妈的鼓励下，小强穿好衣服关上门走了。路上车多，爸爸担心小强会出什么事情，担心车子丢了……后来，小强安全地回来了，而且说有本书这个书店没有，就去隔壁的书店买到了。

小强回来的那一瞬间，父母两人交换了一下会心的眼神——儿子长大了。

在生活中对孩子适当放手，给孩子独立处理事情的空间，就能够使孩子早日成为生活的主人。人生有很长的路程要走，父母不可能照顾孩子一生，请给孩子们独立的天空，让他们自己去做生活的主人。

培养孩子独立自主的能力，家长可以按如下方法去做：

1. 给孩子充分的活动自由

孩子的独立自主性是在独立活动中产生和发展的，要培养独立自主的孩子，就应该为他提供独立思考和独立解决问题的机会。

2. 对孩子循序渐进地培养

独立自主性的培养是一个长期的过程，需要循序渐进地进行，切不可急于求成，不能对孩子的发展提出过高的、不合理的要求，也不能因为孩子一时没有达到要求就横加斥责。

3. 父母要把握住关键期

两岁左右的孩子，独立意识逐渐增强，什么事都要坚持自己做，拒绝别人的帮助。这是孩子心理发展的第一个“执拗期”。家长正好可以因势利导，把握孩子这个时期的心理特点，在保证孩子安全的前提下，放手让孩子去做力所能及的事情，并适时地提供给他适当的帮助、指导和赞美，让孩子享受到成功的快乐。

4. 父母要做一个好榜样

榜样的力量是无穷的。如果父母就是处处依赖他人，对什么事都拿不定主意、动不动就寻求帮助的人，孩子也会效仿的。所以，父母要从自身做起。

培根说：“子女中那种得不到遗产继承权的幼子，常常会通过自身奋斗获得好的发展。而坐享其成者，却很少能成大业。”我们应给孩子独立的空间，任凭他自己装点；给孩子自主的选择，他的事情听他的。

别用“外面坏人多”，吓破孩子的胆

父母们应该清楚地意识到，随着孩子的成长，他与外界的接触会越来越多，孩子是社会中的人，只有在适应社会的过程中，才能获得社会的价值观念、行为规范和知识技能，从而不断成熟。

小查和爸爸妈妈在客厅里看电视，荧屏上正在播放一条新闻，是关于“拐卖妇女”专题的法制报道。妈妈看过这条报道后，再三对小查嘱咐：“现在外面坏人这么多，你一定要小心，千万不要在外面逗留太久，知道吗？放学就立刻回家！”

小查觉得妈妈说话言过其实了，不过，看到妈妈紧张的模样，就随口回了一句：“知道了，你放心。”

过了几天，小查妈妈又和女儿说了一件事情：“今天我在报纸上面，又看到了一条报道，说是现在一些犯罪团伙专门对你这样的女孩下手，你以后出门可得当心，外面真的有很多坏人！你知道妈妈整天有多担心吗？”

小查听了妈妈这番话，开始有点害怕起来了，每次回家的路上，凡是看起来行色可疑的人，小查就担心是拐卖妇女的人贩子。遇到这种情况时，小查会惊恐地一口气跑回家里，生怕后面真的会有犯罪分子在追自己。

就这样，小查每天除了上学放学，几乎足不出户。女孩心想，这样待在家里，应该就不会有坏人了吧！

故事里面的妈妈出于爱孩子，害怕孩子吃亏，被人欺负，于是几乎是以吓唬的口吻嘱咐孩子“外面坏人很多”，还列举了很多例子。这种教育方式是值得商榷的。胆大的孩子也许对此不以为然，可是这类的话语说多了，再胆大的孩子也会害怕的，而那些胆小的孩子也越发地胆小了。

要是像小查那样认为“只要待在家里就不会遇到坏人”了，整天待在房间里，又怎么有机会去接触这个社会呢?

父母不应该因为社会太复杂，就把孩子收在自己的“羽翼”下面，如果养成习惯，孩子就会对社会产生惧怕心理，面对父母产生过分的依赖心理，从而无力承受外界的压力。

为此，父母应该鼓励孩子走出去，大胆与别人交往，接触社会，在解决遇到问题的过程中，不断总结经验从而使自己从幼稚走向成熟。

不要给孩子灌输一些这样的思想：“外面坏人多”“外面都是犯罪分子，尽量待在家里”。孩子的成长就是适应环境的过程，让他们自己去解决问题，不要为了保护孩子不受伤害就阻止他们交朋友、接触社会。每个人都是在失败和挫折中慢慢长大的，其实，让孩子了解一个真实的社会，了解其中的美、丑、善、恶对他们的健康成长是有利而无害的。

此外，在生活中，父母还应该鼓励孩子多交朋友并且接纳他们的朋友。这样才不会让孩子永远封闭在自己的狭小世界里面，要让孩子自己独自去体验这个社会的冷暖好坏，勇敢地适应这个社会。

父母应常向孩子讲述一些社会上的好人好事，让他们明白世上还是好人多，要让孩子爱自己、爱身边的每一个人。

教给孩子自我保护的方法和能力

不少父母对孩子过于疼爱，正如俗话说的“含在嘴里怕化，放在手里又怕飞”。不管相信不相信，愿意不愿意，孩子总有一天是要离开父母的，特别是随着社会生活和人际关系的日趋复杂，孩子必须自己去面对整个纷繁复杂的大千世界，所以我们必须注意培养孩子的自我保护能力。只有孩子具备足够的自我保护能力，父母才能最终放心安心。

孩子具备必要的自我保护能力，这是孩子养成健康人格所必需的，其主要方法是：

1. 让孩子知道不要跟陌生人走

孩子是天真而纯洁的，他们还不了解社会中除了美好的人与事之外，还有丑恶的一面。然而，让一个孩子去辨别复杂现象中的真伪，也是不可能的。为了孩子的安全，父母要教他们最基本的常识和自我保护的方法。

教孩子不和陌生人走，首先要向孩子说明这样做的原因。告诉孩子，社会上有人骗小孩去买卖，被这些人骗走后，再也找不到父母，回不了家，还会挨打、挨骂。

父母还可以给孩子介绍一些拐卖儿童的事例，给孩子读报纸上的报道，让孩子看电视的有关报道，使孩子具体了解被拐骗的后果。

教育孩子不和陌生人接近，不要吃陌生人给的东西，并且要养成这种习惯。

这种教育要经常进行。父母可以抓住社会上这方面的事例反复讲给孩子听，使孩子有深刻的印象。

2. 让孩子知道怎样回家

父母带孩子外出逛商场、去公园等，有时会出现孩子走失的现象。为避免这种事情发生，父母要照顾好孩子，不要让孩子离开身边，即使在人少的开阔地方，也不可让孩子走出自己的视野。与此同时，父母还要教育孩子时时不要离开大人，能主动地跟随大人，并让孩子记住大人身上的突出标志。

为了预防万一，父母很有必要教会孩子走失后怎么办。

父母可以给孩子讲有关儿童走失后如何寻求帮助，最后找到亲人或回到家的故事，还可以和孩子讨论怎样做更好。

父母还可以给孩子出题，让孩子解答。比如，父母可以让孩子回答，如果在商场找不到妈妈了怎么办，如果在大街上找不到爸爸了怎么办。帮助孩子明确在遇到困难的时候，应该找什么人，不能去找什么人。

教孩子记住回家的路，这是比较重要的。父母带孩子出门的时候，要有意识地让孩子记住自己家附近的路名、路上的主要标志等。还可以在回家的时候，或到了熟悉的地方时让孩子带路。

教孩子记住父母的姓名、家庭地址。三岁左右的孩子已经可以不吃力地熟记儿歌、小故事等，所以记父母姓名和家庭地址是不会太困难的。父母要反复告诉孩子记住这些重要的东西。

父母可以把自己的姓名和家庭地址写在纸条上，放在孩子的衣袋中。但是要让孩子知道，这纸条只能给警察等信得过的人看，不要乱找人。

3. 告诉孩子不给陌生人开门

孩子都很好动，更喜欢帮助父母做事。无论是电话铃响还是有敲门声，孩子常常都会抢在父母的前面去处理。这是好事，但是其中却藏有隐患，这就是孩子喜欢给人开门。盗贼常常骗小孩开门，然后入室行窃，这种事情屡有发生。

为了提高孩子自我保护的意识和能力，父母要告诉孩子不能给陌生人开门，并教会孩子听到敲门声该怎么办。例如，先问：“你找谁？”再问：“你是谁？”最后说：“请你等一等，我去喊爸爸或妈妈开门。”除非来客是自家人，都不要让孩子自己去开门，要让孩子知道：家中没有大人时，绝对不给陌生人开门。

为了让孩子了解不给陌生人开门的道理，父母可以给孩子讲些这方面的小故事，读一些报上有关这方面的报道。

为了巩固和加深孩子的印象，当孩子按照要求去做，父母要及时地予以肯定，强化孩子的这种意识。

孩子不愿上学，分离焦虑怎么办

清晨，阳光明媚，家长们带着孩子，三三两两地来到幼儿园，一会儿，幼儿园里热闹起来，说话声、欢笑声汇成了一首与众不同的美妙音乐。突然，在这美妙、和谐的音乐声中，传来了一阵刺耳的哭叫声：“我要回家，我不上幼儿园。”这刺耳的哭叫，既打破了音乐的和谐，也让人心头一颤，原来是小一班的壮壮小朋友双手紧紧拽住妈妈的衣服不让妈妈离去，哭闹着不愿意上幼儿园。

孩子必须上学了，可他们总是会有这样那样的恐惧，这种现象在心理学上叫作“分离焦虑”现象。所谓“分离焦虑”，是指幼儿与自己的亲人分离形成的烦躁、忧伤、紧张、恐慌、不安等情绪。“分离焦虑”源于孩子对父母的依恋行为，这是幼儿入园适应的最大障碍。幼儿从出生起，逐渐发展和形成了对父母或其他养护者的依恋，依恋的对象成为幼儿安全的象征，是幼儿得以信任、依赖的人。因为孩子对抚育者已形成了固定的依恋关系，他们已懂得抚育者（一般是父母）在自己身旁，是自身安全和各种需求得到满足的根本保证。当依恋对象突然不在幼儿的视线之中时，他会努力去寻找，找不到时便会不安地哭闹起来。在不同的情景中，依恋对象对幼儿的意义不同：处于自己较为熟悉的环境中时，大多数幼儿不太在意是否能看到依恋对象，而在一个陌生的环境中，依恋对象是否在场或是否在幼儿的视线之内，对幼儿来说却是非常重要的。在没有建立起新的依恋（对教师的社会依恋不能替代父母的依恋）之前，幼儿对自己亲人的依恋情感仍然是强烈的。而且从家庭到幼儿园，幼儿的生活发生了重大变化。在家庭中，幼儿往往是中心，尤其是独生子女。同时幼儿的自我中心特点也十分突出。他们没有群体生活的经验和概念，对于群体生活感到陌生，这是幼儿入园不适应的重要因素。正因为如此，孩子初次入园，来到陌生的环境和人群面前，就会觉得失去了安全感，感到恐惧，因而紧缠父母不愿离开，大声哭闹，有的孩子甚至会表现出生理上的种种不适，如头痛、肚子痛、尿频等现象……研究表明，幼儿对其亲人的依恋程度越高，因分离而产生的焦虑情绪也就越严重。

分离焦虑是幼儿时期常见的心理问题之一，当孩子与父母亲或主要抚育者分开时，容易出现焦虑的情绪表现，一旦处理不当，将对孩子日后的人际互动与生活适应造成恶劣影响。因此，爸爸妈妈应掌握正确的态度与方法，陪伴孩子一起走过分离焦虑期。

1. 培养孩子的合群能力

从孩子小时候起，家长就应该鼓励孩子把玩具拿出来与其他孩子一起玩，以培养孩子与人相处的能力，减少或避免分离焦虑的发生。

2. 做好入学前的准备工作

在孩子入学前，父母可经常给孩子描述幼儿园或学校的生活。告诉孩子那里有许多小朋友，大家在一起非常开心。也可以带孩子到幼儿园或学校看看、玩玩，当他对幼儿园或学校比较熟悉时，再正式送孩子入园，可防止分离性焦虑发生。

3. 调整生活习惯

北京师范大学教授陈帼眉提出：幼儿在家的生活习惯以及幼儿独立的生活能力，也影响幼儿的分离焦虑。幼儿对父母的依恋，在很大程度上是由于父母能满足他们生活的需要，如吃、喝、拉、撒。正因为如此，才使幼儿逐渐地产生依恋父母的情感。所以在幼儿入园前，家长应给予生活技能上的指导。如独立入厕，独立穿衣，独立吃饭，独立入睡等，不仅可以培养幼儿独立性，同时增强了幼儿的信心，从而减轻幼儿心理负担，使分离焦虑有所缓解。

4. 积极配合

孩子入园后，如果时间允许，前几天家长可以多陪孩子一会儿，当他在游戏中玩得高兴时再离去。另外，家长可根据幼儿园的作息制度来安排孩子的生活，使孩子的生物钟能和幼儿园的作息时间吻合，以便孩子更容易地适应幼儿园的生活。

5. 以积极的言行影响幼儿

俗话说“言传身教”，父母特别是祖父母可能对孩子上幼儿园不放心，并在言行中有意无意地流露出来，孩子是很敏感的，他会从大人的态度中感觉到幼儿园不是个有趣、安全的地方，从而产生害怕幼儿园的心理，拒

绝进入幼儿园，所以爸爸妈妈不要让自己焦躁的心情影响孩子，应当坚信：上幼儿园是孩子社会化的重要一步，对孩子的成长有很多好处。因此家长应在自己的言行中以积极的态度鼓励孩子。

给孩子闯荡社会的勇气

生活中，一些孩子往往表现得非常胆怯，他们害怕挫折、害怕失败，害怕自己做决定，害怕当众讲话，这种个性对孩子未来的发展是不利的。可是一些父母总认为小孩子都是这样，长大了就好了，不用硬性督促，也不用管。而教育学家告诉我们，这种想法是错误的，父母们应当多鼓励孩子，培养孩子敢作敢为的勇气，这样的孩子长大了，才能成为有成就的人。

一些父母老是抱怨自己的孩子太懦弱、太胆小，总是无法让人放心，其实这些父母们应当先检讨一下自己，是否自己给了孩子太多庇护，使得孩子缺少独立的勇气。

勇于探索，积极培养孩子勇敢的个性。有一对夫妇，在他们41岁那年才生下了一个儿子，夫妻俩给孩子取名叫贝贝，爱若珍宝。因为是老来得子，他们生怕孩子受到一点伤害，遇到一点风险，因此什么事都替孩子办得妥妥当当的，从幼儿时就是如此，这个孩子就像温室里的花朵一样，经不起一点风吹雨打。上高中了，这个孩子还完全不能为自己做主，遇到事情只会说："那你说怎么办啊！""我也不知道，我得问我爸爸妈妈！"

后来这个孩子考到了外地的一所大学上学，他的父母很欣慰，因为他们年老了，身体又不好，大病小病不断，现在孩子已上大学他们也就放心了！可是，学校开学还不到一个月，儿子就跑了回来，颓丧地说自己不想上学了："人家一个个都那么出色，只有我什么也不行，什么都不懂，什么也不敢做！跟他们一比，我太软弱没用了！"夫妻俩面面相觑，他们没想到自己的百般呵护换来的竟然是这样的结果。

父母们应当鼓励孩子做一个勇敢的人，培养他自强自立的勇气，这才是真正地为孩子着想，这才是真的爱孩子。像这个故事中的这对夫妻一样一味地庇护孩子，使他们免受生活中的不顺利，对孩子来说是没有好处的。我们强调用"励勇计"教育孩子，就是因为孩子最终必须靠自己的力量去生活，要靠自己的能力来获取他想要的东西，因此我们能给孩子的最宝贵的东西，不是无微不至的保护，而是敢作敢为的勇气。

在香港一家商场的玩具柜台前，站着一对父女。5 岁的小女孩怯生生地拉住父亲的衣襟，恳求父亲再玩一会儿。其实，她并不是贪玩的孩子，她只是被柜台里漂亮的娃娃吸引住了，眼睛里全是想要得到的渴望。

父亲却故意装作看不出女儿的心思，他决定女儿不说出来她想要什么，他就不会主动买给她。他认为，女儿想要什么，应该有说出来的勇气，而不应畏畏缩缩。

小女孩在柜台前不肯离开，想说出要求，又怕父亲拒绝，一脸的忧郁。

终于忍不住了，小女孩用细若蚊蝇的声音说："爸爸，我……我想要一个娃娃。"

"什么？说话别吞吞吐吐，想买什么就大声说出来。"

"我要洋娃娃！"小女孩大声说。爸爸笑了，于是小女孩得到了那个洋娃娃。

从这件事中，小女孩也得到了一个经验，在以后的日子里，无论她对父母有什么要求，她都会直言不讳地提出来。

这父女俩，就是香港著名财经作家梁凤仪和她的父亲梁卓先生。

梁卓早年单枪匹马开创事业的经历，使他养成了敢说敢做的坚毅性格。他认为一个人要想成功，就不能唯唯诺诺、人云亦云，懦弱不言的人不但令人无法与他交流，也难以表现他自己的能力。

出于这样的考虑，梁卓在教育女儿梁凤仪时，首先就是培养女儿坚毅、果断的性格。

在成长过程中，每当梁凤仪让父亲帮助出谋划策时，梁卓就说："你想做的事情，你自己决定。"父亲的坚定态度，使梁凤仪养成了一切都靠自己的习惯。

上大学时，梁凤仪表现非常突出，变得泼辣外向、敢作敢为。她写剧本，演戏剧，当电视主持人，都做得有板有眼。毕业后，她进入香港大公司新鸿基集团，照样无畏地打拼，最终成为最高层领导，在男人的霸业中，赢得了一席之地。

她回忆说："是父亲给了我闯荡江湖的'勇气'，是父亲培养了我果敢坚决的性格。"

日本教育家涛川荣太说："作为父母，必须去培养那种依靠自己的努力、自己的感觉、自己的兴趣来争取成功和幸福的人，从而要求自己必须成为刚毅、勇敢的人。为此，父母不要受限于常规，不要拘泥于社会既成的价值观，不要以他人的目光而要用自己的眼睛、自己的价值观，以自己的责任心、自己的感情，重新对待孩子。"

与其给孩子他们所要的一切，还不如给孩子可以获得一切的勇气。父母后退一步，让孩子们独立决定自己的事情，多鼓励、少呵护，你的孩子就会成为坚毅、勇敢的人。

让孩子为自己的过失承担责任

要想让孩子在今后的日子里，很好地立足于复杂的社会，担当起重任，那么，就必须从小培养孩子富有责任心的意识。一个人承担的责任越多越大，证明他的价值就越大。责任心是衡量一个人成熟与否的重要标准。一个缺乏责任心的人，在遇到没有人能为他负责的时候，就只会哀叹自己的不幸，抱怨生活的不公。

很少有父母能意识到这一点：让孩子为自己所犯下的错误承担责任也是一种处罚。大部分父母往往会这样做：孩子犯下错误后，父母赶快帮孩子弥补过失，事后再处罚孩子。其实这样教育孩子，效果并不会太好。在西方，每个孩子都很清楚地被要求对自己的行为承担责任，如果违反规则就要接受适当的教训。

亚历刚上大学时，爸爸和他约定：每月 3 号给亚历寄 400 美元的生活费。

结果第一次独立生活的亚历用钱既无计划也不节制。三天两头与同学到校园餐馆挥霍，看到喜欢的东西就买。结果第一个月还没过完，亚历的口袋里就只剩下几个钢镚儿丁当响了。

第一个月，爸爸容忍了儿子的无节制做法，提前把第二个月的生活费寄了过来。然而亚历却不知悔改。第二个月、第三个月仍旧早早就把钱挥霍完了。

终于，在离第四个月的收款日还有 14 天的时候，亚历的口袋里又只剩下 27 美元了。万般无奈之下，亚历只好拍了一封电报回家，内容简短明了：“爸爸，我饿坏了。”爸爸很快回了电报，也非常简短：“孩子，饿着吧！”

这实在是太奇妙了。在那之后只有 27 美元的 14 天里，亚历绞尽脑汁节衣缩食，出手之前必会精打细算，竟然也把艰难的日子熬过去了。

从此以后，大手大脚的亚历开始精打细算，并且发现，其实只要稍稍节制一下不必要的支出，每月只要 300 美元生活费就足够了。这样一来，每个月亚历甚至可以积攒下一些钱。亚历用这些钱买了许多自己喜欢的书、磁带、唱片，做了一些比如自助旅游、捐款等有意义的事情，当然也没有忘记偶尔和朋友们到餐馆聚聚。

亚历的大学生活比以前过得充实而丰富了。

在这个故事里，爸爸给亚历的处罚是，让他自己承受错误造成的后果，这种处罚手段可以说是纠正孩子错误的良方，比责骂更能给孩子留下深刻印象，因为这种因果教训更能使孩子直观地看到自己的错误。

我们作为父母的目标就是让我们的孩子在生活中学会做人——引导、教育、帮助他们形成自我约束感——一种发自内心的对自我的制约，而不是来自外界的强制。任何不能使得孩子在生活中学会做人，不能维护孩子尊严的技巧都不能被称为约束，仅仅称得上是惩罚，不管它被包装得多好。

作为父母要下力气培养孩子的责任心，须知“责任存乎心，终生益无穷”。培育孩子责任心的意识，应从培养孩子的家庭责任心入手。家庭责任心主要是指能尊重其他家庭成员的权利，自愿承担家庭义务，为自己的行为承担责任，一个具有家庭责任心的孩子。

培养孩子的家庭责任感的根源在于父母是否具有家庭责任感，还在于父母是否给孩子练习的机会。假如你不是一个尽职尽责的父母，怎能对孩子进行责任心的教育呢？在一个父母专制的王国里，很难培养出有家庭责任感的孩子，因为父母对孩子管制得太多，控制得太死，使孩子没有机会就某件事做出负责的行为，孩子做事只是服从，听命于父母的意见。只有民主的家庭，才是家庭责任感生长的最佳环境。责任感是家里一旦需要额外帮助时，孩子能够主动发现并自主地做出反应。孩子受到重视，父母具有威信。要想改变孩子，应从改变自己开始。这是最关键的问题。在家庭生活中父母一定要赋予孩子责任，以便有针对性地进行教育。

首先，要教育孩子学会自我负责。对自己行为的后果负责。要善于抓住生活中的点滴小事，不论事情的结果好坏，只要是孩子的独立行为结果，就要鼓励孩子敢作敢当，不要逃避责任，应勇于承担责任的后果，父母不应替孩子承担一切，以免淡漠孩子的责任感。

其次，要从小为孩子创造机会，让他们在生活中懂得人与人之间需要互相帮助、互相支持。培养孩子关心自己的亲人与家庭事务。

第三，让孩子接触社会。父母还应该鼓励孩子接触社会，使孩子在接触社会中体会到被他人、被社会需要的乐趣。因为“被需要”是人的一种基本心理需求，能够在社会中发挥自己的作用，有助于进一步培养孩子的社会责任感。

让男孩为自己撑起一片天

自理能力是一个孩子从依赖到独立的过程，即孩子从依赖家长的帮助，到学习认知照顾自己的衣、食、住、行的历程。

孩子的自理能力是他们形成健全人格的基础，是他们顺利进入青年时期的前提，同时对他们今后的成人化和社会化都有着极为重要的影响。

对孩子来说，自理能力是踏出家庭保护网的第一步；对于男孩来说，自理能力是将来独自走天下的必备技能。

对于以上道理，每位家长都懂得，可是运用在实际生活中，却是另一回事。因为当今许多孩子是独生子女，父母对他们自幼宠爱，无论什么都一手替他们操办，造成了他们生活自理能力很差，对父母依赖性很强的通病。

贝贝已经是五年级的学生了，可是自己上学的“行囊”还要妈妈来替他整理。而且每天过的是饭来张口、衣来伸手的“幸福”生活。他从不洗碗筷，每次吃完饭的时候，总是把碗筷一放，该玩就玩去了；他的衣服从来都是妈妈洗，自己没有洗过一件，每次衣服脏了，就脱下来，交给妈妈“处理”。

原来，贝贝是家里的独苗，父母疼爱得不行，自从他来到这个世界，就成了父母的心肝宝贝。贝贝小的时候，本来有自己的事情自己做的潜意识，但每当贝贝自己想干一些活的时候，妈妈就说："你还小，大了再说。"

等到贝贝子大了的时候，妈妈却说："你的任务就是好好学习，不需要干这干那的。"久而久之，贝贝养成了什么事情都靠父母的习惯，以至于上学的用具还需要妈妈帮他整理。

直到有一天，学校组织学生们去野外生存训练，贝贝回家问妈妈怎么做时，妈妈才意识到孩子不能自理的严重性。

如今许多孩子生活在父母的溺爱中，很少能够自理。身为家长，应该从小就培养孩子的自理能力，这样在他们走出家门的时候，才能照顾好自己。

培养孩子的自理能力，应该让孩子从力所能及的小事做起。古语说得好："合抱之木，生于毫末；九层之台，起于垒土。"只有让孩子从小事做起，锻炼自理能力，才能为日后独自闯社会铺就一条道路出来。

浙江有一名大学生，他的一天是这样度过的：

每天早上 6 点半，他就要起床给因身患尿毒症而丧失劳动能力和生活自理能力的妈妈烧好早饭，然后跑到学校上早自习，中午再从食堂带饭给妈妈吃。

上完一天的课，他就赶紧回到家里（校外的出租房），整理家务并清洗衣服。做好这一切后，他又回到学校里打扫食堂卫生——这是学院为他争取来的勤工俭学的岗位，每个月有 50 元的工资，每日三餐也可以全部免费。

在食堂吃饭的时候，他还把自己饭菜的一半分到另一个盒子里，这是带回家给妈妈吃的。接着，他匆匆忙忙地赶到教室上晚自习，这时离晚自习时间仅有两分钟。他利用晚自习时间做作业并温习一天的功课。

晚自习一结束，他就匆匆赶回出租房里，给母亲敷药、打针，一路上，他心里想着：妈妈肯定饿坏了……

晚上，他就和妈妈睡一张钢丝床，妈妈睡这头，他睡那头，要是妈妈不舒服，他就马上爬起来照顾妈妈。

这名学生名叫刘霆，此时的他仅有19岁，却已经担负起了家庭全部的重担，还要完成自己的学业。

他小的时候也曾有过一个幸福的家庭。爸爸是个职员，妈妈是缝纫师傅，家里经济状况在当地还算不错。但是父母没有因为家庭条件不错，就溺爱孩子，而是从小就让他做自己力所能及的事情，可以说是自己的事情自己做。

当他会自己吃第一口饭时，父母绝不再喂他一口；当他能够自己穿衣时，父母绝不再给他穿一次衣服；当他会自己洗衣服时，父母绝不给他洗一次衣服。

在这样的锻炼下，刘霆上小学三年级的时候，就已经是个小大人了。所有自己的事情，都能够完全自理。

三个人的幸福家庭，在刘霆上小学六年级的时候，因为母亲的尿毒症彻底改变了。治病耗尽了家中所有的积蓄，父亲不堪忍受而离家出走，殷实美满的三口之家顷刻变成母子相依为命。

从小就能够自理的刘霆，没有像父亲一样逃走，而是毅然挑起了求学、给母亲看病、养家的重担，直到现在，他毅然用瘦弱的肩膀为母亲撑起一片天。

刘霆之所以能够肩负起和他年龄不相称的重任，就是因为他小时候学会了自理，培养出了自己独立生活养家的能力。如果把上文中的刘霆换成贝贝，那贝贝能否挑起生活的重担呢，结果是可想而知的。

培养孩子的自理能力，家长可以按如下方法去做：

1. 让孩子通过自我服务来培养他们的自理能力

家长应结合品德教育，利用讲故事、唱儿歌等来培养孩子的自我服务意识，从小指导孩子剪指甲、洗手、洗杯子、洗手帕等，并要求他们自己穿衣服、穿鞋、系鞋带，并要求坚持。

2. 通过评价、激励来培养孩子的自理能力

对孩子习惯性的自理行为，家长要及时地给予表扬和鼓励；对孩子偶发的自理行为，家长要及时表扬，并提出进一步的要求。这样让孩子体验自理的快乐，从而达到培养孩子自理能力的目的。

3. 家庭中的长辈不要溺爱孩子

有许多的幼儿与长辈生活在一起。有些父母由于工作忙或贪图方便，把孩子寄托给自己的老人。由于“隔代亲”的影响，长辈们往往重养轻教。也有些父母想让孩子自己动手，但长辈舍不得，百般阻拦，教育方法上不一致，使孩子自理的能力得不到发展。

4. 父母要给孩子提供“自己的事情自己做”的空间

许多家长怕孩子自己动手，吃饭慢了怕饿着，穿衣慢了怕冻着，自己走着怕累着，自己洗脸怕洗不干净；从而包办代替，这个不准动，那个不让摸。家长过多的限制和包办，无形中剥夺了孩子自己动手的机会。家长应该给孩子提供一个独立做事的空间，不要包揽孩子的一切。

吃自己的饭，流自己的汗，自己的事情自己办，靠人、靠天、靠祖上，不算是好汉。那么，我们为什么不让孩子自己的事情自己做呢？

第五讲
培养自信力，让孩子顶天立地

受到关注是人的基本需要，孩子尤其如此。被人关注的孩子，会觉得家长重视他、爱他，大家也都喜欢他。相反，不被人关注的孩子，会认为自己无足轻重，觉得父母并不真的喜欢自己，别人也对自己毫不认可，因而容易失去对自己的信心。而自信心恰恰是孩子成长中的精神核心，是做任何事情的基础。孩子的自信心首先应该从父母那里获得，父母的肯定总是会让孩子感觉非常美妙。

千万不要让孩子瞧不起自己

生活中，很多孩子都存在着自卑心理，他们看不到自己的长处，总觉得自己不如别人。他们对自己各方面的评价都很低，有的孩子甚至在父母面前也会感到自卑。这种自卑心理会给孩子带来极其严重的影响。试想一个瞧不起自己的孩子，怎么能获得成功呢？因此，父母们就应该想办法帮孩子建立起自信心。

君君是个 16 岁的女孩子，刚刚升入重点高中，她性格内向，有很深的自卑心理。妈妈抱怨说："我不知道这孩子一天到晚在想什么？别人的孩子都那样自信活泼，可我的孩子却……"君君到底在想什么呢？请看她的一段内心独白："上了高中后，我心里常被一些说不清、道不明的莫名其妙的感觉袭扰，并且越来越严重。有时心里空荡荡的，没着没落；有时又乱哄哄的，不知应该做些什么。同学们都在争分夺秒地学习，准备升学，可我听课时安不下心，作业懒得完成。我这样一个无用的人，将来能做些什么？升学，我能考上吗？经商，我哪有这样的天赋？靠弹钢琴挣钱养活自己，可我又哪有那么大的能力呢？同学们整天都在忙忙碌碌、紧张地学习，空闲时间还三五成群、欢呼雀跃地参加文体活动及各种竞赛，可我无论做什么事都犹犹豫豫、忧心忡忡，拿不定主意，经常因为害怕失败而退避三舍。我终日六神无主，心灰意冷，学习成绩不断下降，听课、写作业成了一种负担，只能靠画画打发时间。

生活是这样索然无味，我真心希望自己将来能有所作为，至少成为一个能自食其力的人，可我又总是缺乏把一件事坚持做到底的信心，因为我不相信自己有做好一件事的能力。在同龄人面前，我总感到自己比别人矮一截，有时甚至觉得别人看我的眼神都是鄙视和冷漠的。像我这样一个多余而毫无价值的人，生活在这个世上还有什么必要？真不如死了的好……”

儿童心理学家告诉我们，孩子的自卑往往是由于自我评价过低导致的。一些自卑的孩子，往往认为自己处处不如人，这也不好，那也不行，比如这个故事中的君君，她就是把自己贬低的一无是处。而事实上，她既然能考进重点高中，起码她的学习成绩就应该不错；她会弹钢琴、会画画，说明她应该是个多才多艺的女孩子，但她却偏偏看不到这些，反而沉浸在自卑的情绪里。一个人认为自己是怎样的人比他真正是怎样一个人更重要。因为每个人都是按他认为自己是怎样的一个人而行动的。自卑者不能全面、客观地评价自己。他们往往拿自己的缺点和别人的优点相比，看不到自己的“长处”和“过人处”，却对自己的短处和缺陷妄加评判，形成消极的自我概念。这是一种认知悲剧。

那么怎样才能帮孩子建立自信呢？心理学家认为，要做到这一点，首先就得让孩子喜欢自己、悦纳自己。

1. 告诉孩子，不是只有你自卑

著名的精神分析家阿德勒曾说过，所有的人都有那么一点自卑，无论他是高官巨贾还是市井平民，概莫能外。也就是说自卑感是一种普遍存在的心理状态。其实适度的自卑可以使人认识到自己的不足之处，从而激励人奋发向上，拼搏进取。因此，自卑感及其对它的克服、超越，可以使人完善自我，是人走向成功的起点和桥梁。如果没有自卑感，也就没了进取心。其实人人都会产生自卑，只是程度不同而已。所以，要正确对待自卑，不要只看到自卑的危害，更不能因为自己自卑而自卑。

2. 引导孩子全面地评价自己，走出认识上的小误区

一些孩子在做自我评价时，往往只看到缺点，看不到优点，而且有时评价的也不够全面。比如，孩子常会这样说："我笨死了，学习成绩不好！""我不够聪明，总是反应慢！"其实评价应该是多角度的，不能只看学习成绩。孩子应从以下几个方面分析评价自己：

①学习能力，如观察力、记忆力、思维力、创造力、想象力和实践能力；

②特殊能力，如绘画、音乐、书法、写作、体育运动等；

③学习态度方面，如兴趣、爱好、勤奋、竞争意识和独立性等；

④人品和个性特征，如自我控制和自我调节以及道德品质、理想信念等。父母可以引导孩子自评和他评，让孩子列举出自己的优缺点，把它们写在一张卡片上；再请其他的同学在另一张纸上列出孩子的优缺点，两者比较，以得出比较客观的结论，并提醒孩子多注意自己的优点，增强自信心。这样孩子就会欣喜地发现，原来自己有那么多的优点，并不是一无是处的。

3. 教孩子一招自卑补偿法

父母应教育孩子在遇到挫折的时候，从多角度辩证地看问题，形成"合理化认识"。如，当考试成绩差时，可以强调考试时临场发挥不好或考试环境不利等其他外在原因，以减轻自身的压力。同时要教孩子利用自卑补偿法和转移目标等心理防御机制以保持心理完整或平衡，认识到某一方面的缺陷和不足可以通过其他方面的完美和丰富进行补偿和纠正。通常可以使孩子从两个方面进行心理补偿，一是以勤补拙。如果某方面的不足，是由于自己努力不够而潜力没有充分发挥，那么就以最大的决心和毅力去使缺陷变为完美。二是扬长避短。如长相平平，就可以用优异的成绩来补偿；学习一般，可以通过训练，诸如书法、雕刻、绘画、音乐等获得他人所不及的特殊能力。“失之东隅，收之桑榆”，理智地对待缺陷，寻找合适的补偿目标，从中汲取前进的力量，就能把自卑转化为一种奋发图强的动力。

4. 让孩子多给自己一些积极的暗示

著名心理学家莫顿曾提出“预言自动实现”的原则，认为人们具有一种自动实现预言的倾向。他相信，在我们的心灵的眼睛面前，长期而稳定地放着一幅自我肖像，我们会与它越来越接近。所以，如果我们把自己想象成胜利者，将带来无法估量的成功。当感到信心不足时，孩子应该给自己进行积极的自我暗示，把“没什么可担心的，我也行”、“我一定能成功”之类的话写下来，或者大声说出来。

父母应帮助孩子重新认识自己，不要只盯着缺点不放，当孩子开始喜欢自己、接受自己时，他们也就成功地远离了自卑。

驱散孩子心中自卑的那片影子

一个自卑的人往往过低评价自己的形象、能力和品质，总是拿自己的弱点和别人的强处比，觉得自己事事不如人，在别人面前自惭形秽，从而丧失自信，悲观失望，不思进取，甚至沉沦。

自卑的孩子动作迟缓，走路低着头，有时溜着墙根走，不敢与人主动打招呼；不敢当众发言，怕引人注意；不敢正视别人；说话低声细语；愁眉苦脸等；喜欢独处，总是给自己的心灵套上枷锁。自卑的孩子敏感多疑，总觉得别人在背后说自己的坏话，因此往往以一种消极或错误的防御形式来保护自己，不敢与别人正常交往，造成人际关系障碍。

自卑的孩子由于过低的自我评价，对自己持排斥、轻视的态度与消极、否定的情感，常常对自身的不足以及别人对自己的评价过于敏感，因而在人际交往中缺乏勇气，畏首畏尾，在行动上处于被动。作为父母必须予以高度重视。

毛毛是一位三年级的女同学，她长着一对会说话的大眼睛，头发黄黄的，稍稍有些卷曲，成绩上游，中等智商，非常腼腆，性格内向，在人面前不苟言笑，上课从不主动举手发言，老师提问时总是低头回答，声音听不清，脸蛋涨得绯红。下课除了上厕所外，总是静静地坐在自己的座位上发呆，老师叫她去和同学玩，她会冲你勉强笑一下，仍坐着不动。平时总是把自己关在房里，不和同学玩。遇到节假日，父母叫她一起玩、做客，她都不去，连外婆家也不去。

自卑的孩子总觉得自己处处不如别人，对自己百般挑剔。他们悲观失望，不敢接受挑战；常把自己定格在“我不行”的范围内，常常怀疑自己的目标和能力，自己第一个确信自己最终会成为一个失败者。长期下去，致使自己的才能得不到积极的开发，进而陷入恶性循环中；心态和举止常常表现出消极、灰暗。

为此，父母要积极帮助孩子正确认识和处理自卑的消极情感，积极面对生活，不要让机会从眼前溜走。

首先，对孩子的自卑进行心理分析。这种方法可在心理医生的帮助下进行。具体做法是通过自由联想和对早期经历的回忆，分析找出导致自卑心态的深层原因。并让孩子明白自卑情结是因为某些早期经历而形成的，它深入到了潜意识，一直影响着自己的心态。实际上现在的自卑感是建立在虚幻的基础之上的，是没有必要的。这样就可以从根本上瓦解自卑情结。

其次，转移注意力。不要老关注孩子的弱项和失败，引导孩子将注意力和精力转移到自己最感兴趣，也最擅长的事情上去，从中获得的乐趣与成就感将强化孩子的自信，驱散自卑的阴影，从而缓解孩子的心理压力和紧张。一个人这方面有缺陷，可以从另一方面谋求发展。只要有了积极心态，就可以扬长避短，把自己的某种缺陷转化为自强不息的推动力量，也许你的缺陷不但不会成为你成功的障碍，反而会成为你成功的条件。因为它促使你更加专心地关注自己选择的发展方向，促成你获得超出常人的发展，最终成为超越缺陷的卓越人士。

第三，让孩子全面了解自己，正确评价自己。你不妨将孩子的兴趣、嗜好、能力和特长全部列出来，哪怕是很细微的东西也不要忽略。你会发现孩子有很多优点，并且对孩子的弱项和遭到失败的地方持理智和客观的态度，既不自欺欺人，又不将其看得过于严重，而是以积极的态度应对现实，这样自卑便失去了滋生的温床。

第四，从成功的回忆中建立成功的自我形象。当孩子怀疑自己的能力并为自卑感所困扰的时候，你不妨让孩子从过去的成功经历中吸取养分，来滋润孩子的信心。不让孩子沉溺于对失败经历的回忆，把失败的意象从孩子的脑海中赶出去，因为那是孩子不友好的来访者。

孩子“不好”，也不能嫌弃

俗话说：“孩子是自己的好。”父母往往觉得自己的孩子比较聪明、懂事，因此对自己的孩子多有赞赏。正因为如此，我们中国人又有一句古话：“母不嫌子丑。”别人看来不好看或不聪明的孩子，在父母的眼中却总是聪明可爱的。

可是总有少部分父母恰恰相反，他们不但不去真正地关爱、鼓励自己的孩子，而是贬低孩子，甚至嫌弃孩子，不惜用负面的评语打击孩子的自信心。

这是一种令人痛心的行为。心理学研究表明，树立一个人的正面的自我意象 (selfimage) 是形成孩子的正面人格、良好行为的前提。毁坏孩子在自己心目中的形象是让孩子走上歧路，成为败家之子的重要原因。心理学研究认为，这种“说你行，你就行，不行也行；说不行，就不行，行也不行”的现象，其原因就是孩子长期受到这些话语的影响，就会在心里形成正面或者负面的自我意象，久而久之，就会固化成为他们的行为特点了。如果嫌弃孩子，他就可能因此自暴自弃，真的变成笨拙的孩子甚至坏孩子了。

例如，每个父母都希望自己的孩子健康、聪明、漂亮。但是事实上这是很难的，世上哪有那么十全十美的孩子，那么十全十美的好事？！另一方面，如果孩子有些天生的缺陷，再加上淘气不听话，父母除了痛心以外，甚至会有厌恶之感。

前几年的报纸曾经报道过一个中学生自杀的新闻：

那个自杀的孩子是一个中学学生，他天生比较迟钝，但是性格倔强，而他的弟弟却长得与他全然不同，大脸大眼，一副聪明相。两人在一个学校读书，哥哥原比弟弟高两年级，后因功课一直学不好，三年内降了两级与弟弟同班。也许正是由于他读书读不进去，长得又没有弟弟好看，所以母亲对他产生了厌烦的感觉。每次看到他作业总是错误满篇，就会情不自禁地唠叨起来："我怎么会生出你这么一个又蠢又丑的笨蛋？！我不知前世做了什么孽。"

这个孩子虽然迟钝，但是对这些话还是听得懂的。他因此对自己的前途完全失去了信心，再加上在家中得不到父母的疼爱，他竟吃安眠药自杀了。孩子死后，母亲据说也十分伤心，但悔之晚矣！

我从前有一个邻居，他有一个儿子是天生的高度近视，看什么东西都要放在鼻子面前才看得清。母亲见了又气又恨，有时就骂："什么东西都要拿到鼻子底下去闻，瞎子！"

本来孩子天生视力不好，自己就很痛苦，结果母亲还要喊他瞎子，心中更是痛苦和自卑，因而常一个人躲在外面痛哭。这样当然对孩子身心的发展都有很大的坏处。

父母没有不心疼自己的孩子的，正是这种心疼与忧虑使他们对孩子的某些缺陷更加感到无奈与怨恨，因而在生气时，或孩子不听话时，这种对上天不公的怨恨就发泄了出来。对于这种行为，我们做父母的人是可以理解的，然而它无意间对孩子心灵造成的伤害却是无法弥补的。所以，对待有天生缺陷，包括生理缺陷的孩子，父母应该更加耐心和细心，使他们时时感到温暖和帮助，并且克服和战胜那些缺陷给生活和学习上所带来的不利与不便。同时，父母为了鼓励孩子奋斗的勇气和增强对生活的信心，还应该更加细心和热情地去发现孩子的优点，发挥其长处。

一句话，父母绝不能嫌弃自己的孩子。

孩子生性有喜欢读书的和不喜欢读书的，有天生会读书的和不会读书的。但父母们总是喜欢用同一尺度去要求孩子，只希望自己的孩子会读书。如果有两个孩子，则要求两个孩子个个都会读书。能够这样当然很好，而且这样的孩子不是没有。我就认识两个教师，他们两家都是两个女儿，个个都会读书，不要父母操心劳神，高中一毕业就都考上了自己选择的大专院校。但是与同学院的其他教师的子女相比，他们这两家的子女毕竟是少数。更多的是不读会书的孩子，或者是只有一个会读书的，有一两个不会读书的。

少壮不努力，老大徒伤悲。小时候不读书，将来又能干什么呢？父母总是要求孩子努力学习，哪怕他们自己当学生的时候属于不喜欢读书的那种。好好读书是天经地义，无可厚非的，因而父母喜爱会读书的孩子也是十分自然的事。

但是事与愿违，许多孩子却并不懂得这个道理，也不懂得读书对他们的重要性，却把读书当作苦差，不肯读书，一心贪玩儿，认为童年本也正是好玩儿的时候。他们上课不听讲，下课打闹，回家不做功课，不交作业。在学校里老师批评，回到家里，自然也要受到父母的责骂。骂无法产生效果，父母在伤心之余，难免有些嫌弃，甚至骂出一些过头的气话：“人家屋里的琳琳，成绩样样百分，只有你期期不及格，把我的脸都丢尽了！我不知道怎么会生出你这种孩子！”或者：“你再要是不及格，你只有去死！”当然，骂归骂，实际上母亲并没有真的这样想，而且自己心里十分痛苦。

不过我们要指出的是，像这种恶意的威胁肯定会刺激孩子的心理。

因为大部分小孩子自出生之时都有一种潜在的不安感，惟恐父母不喜爱自己。孩子一旦有了双亲嫌弃他或不喜爱他的感觉，精神上便会产生不安定感，甚至会发展成无法弥补的不幸事件。

对孩子不要强求，更不要拿自己的孩子去与别人会读书的孩子相比。这样只会使孩子更加抬不起头来，变得阴郁，更甚者逼他走向反面——憎恨！

当众揭短会让孩子感觉很丢脸

孩子们会做错事，因为孩子们不可避免地会有缺点，而且这些缺点也正是造成他们挨骂或父母唠叨的原因。责骂也好，唠叨也好，最好就让它们停留在家庭的圈子里：母女之间、父子之间。

但有的父母有时喜欢对邻居和客人们讲："唉，我这个孩子就是不读书，功课总是不及格。"或者："我这个孩子就是喜欢说谎，真是气死人！"父母这样说，也可能出于无心，只是一时气愤或心血来潮，或者说明自己责骂孩子的原因。不论是前者，还是后者，这样做都是不对的。这样在外人面前张扬孩子的缺点，丝毫无助于对孩子的教育，而只会伤害孩子的自尊心，使他无地自容，在人前抬不起头来。

另外，在邻居和几个好友相聚时，有的人喜欢对主人的孩子夸奖几句。这通常是一种客套。可有的母亲为了表示谦虚，在听到赞美时总爱说："唉，我这个孩子任性得很，不太听话！"或者："都小学五年级了，还娇气得很，什么事都要做母亲的督促！"如果孩子没有这些毛病，为了谦虚，母亲这样说就不对，即使孩子真有这些缺点，也不应向外人张扬。

孩子到了一定的年龄，他们知道自己的缺点，他们有羞耻心。自己的缺点家人知道没有什么，但说与外人知道，面子上就觉得过不去了。因而这样会使孩子产生羞辱感，令他们自惭形秽。所以，父母在与外人交谈时，谈到自己的子女绝不要揭短。因为父母无意间向外人讲自己孩子的缺点，无异于向第三者说他并非是一个好孩子，极为不利于对孩子的教育和孩子的健康成长。相反地，作为父母对孩子的点滴进步要时刻加以肯定。譬如在外人赞美自己的孩子时，父母可以说："是的，我的孩子最近进步很大！"这样孩子觉得光彩，同时也会更加奋发向上。具体应注意以下要点：

1. 不要否定孩子将来的发展

我们有的父母在孩子不听话、屡教不改，或者不认真读书、不做功课时，气急了，就会骂出一些令人泄气的话来："你是一个十足的废物！""你将来还会成个什么有用的人？鬼都不信！""你还想有什么作为，做梦！"

父母一时的气话却足以构成对孩子终身的伤害，因为它截断了孩子对自己将来的希望和美好的憧憬。一个人对前途失去了信心，一个看不到前途的孩子，他还能好好读书吗？读了书干什么呢？

社会调查显示，不少青少年犯罪就是因为在家受到父母的藐视，产生了挫折感，于是产生了破罐子破摔的想法，而自暴自弃。这是因为不论孩子的年龄大小，父母对他们前途的否定都会对他们造成极大的打击。尤其是稚龄的孩童，父母讲的话对他们更具有绝对的权威性。即使没有产生什么不良的具体行动，在人格上也会形成极大的负数。

一个人的前途是很难预料的。今天有许多企业家在 30 年前或者 20 年前还是农家子弟，有的甚至在念小学或中学时也是成绩不好的孩子。这是因为一个人的成长，除了取决于主观的因素外，还取决于外部条件和环境的影响，那就是机遇。而一个人的才能又是多方面的，有的人不会读书，但可能精于经营。何况一个孩子未来的人生道路还长得很呢！一个人不管现在多么平淡无奇，只要对将来抱着“前途大有可为”的希望，就会激起无穷的力量。这也就是俗话所讲的：“不要把人看扁了！”“不要把话说绝了！”

2. 鼓励孩子争取成功

孩子面临一个新的挑战的时候，往往会对能否取得成功产生焦虑。焦虑是各种年龄的孩子都会产生的，父母的任务是采取有效措施，化解孩子的焦虑，增强孩子的成就动机，使孩子取得一个个成功。

要点如下：

（1）不要从负面去暗示孩子

孩子产生紧张或焦虑的时候，父母千万不要用自己的言行去暗示孩子，使他们更加紧张。孩子感到为难或焦虑的时候，父母应该使自己保持平静。比如孩子要去参加演出、比赛或考试，父母必须做到心平气和，既不要自己紧张，也不要老对孩子讲“别慌”、“别紧张”。研究证明，这一类的言语具有很强的暗示性，常常会使孩子更加紧张。

（2）用孩子的成功经历去鼓励孩子

父母要善于使用孩子过去的成功经验去鼓励孩子，这是很重要的。事实证明，成功的经验可以极大程度地加强一个人的成就动机，增强一个人克服困难的信心。当孩子面对一个新的挑战的时候，父母可以提醒他们回想以前类似活动的成功体验。这类成功的经验与当前活动的时间越接近，起到的激励作用就越大。

（3）给孩子一个惊喜

为了确保孩子成功，在必要的时候，父母可以给孩子一个意想不到的奖励，比如送给他一本新图书，或请他吃一顿快餐，或给他买一样他很希望得到的物品等。这对于缓解孩子的紧张情绪、增强成功的动力都是很有效果的。

别用消极比较“凌辱”孩子

包容就意味着尊重，开明的父母就是能用包容的手段维护孩子的自尊心，给孩子自信心的人。能包容的父母才会有聪明上进的孩子，那么要让孩子感受到你的包容、你的无条件的爱，首先要做到的就是别拿自己的孩子跟别的孩子比来比去。

丹尼尔是个内向的孩子，从小生活在祖父母身边，祖父母有他们自己的工作要做，没有多少时间注意丹尼尔，因此丹尼尔就越来越沉默了。整天一副心不在焉的样子。后来丹尼尔又回到了父母身边生活，但爸爸脾气暴躁，常常会责骂他。而让丹尼尔最难过的就是，爸爸总喜欢用比较来证明他有多没用。“你简直白活了 8 岁，看看你的成绩，真让我为你感到难过。你看看隔壁的唐纳德，他和你念同一年级，年龄比你小 2 岁，可成绩却是你的三倍！”丹尼尔的学校举行游园会，邀请家长一起参加，孩子们为家长表演了一场舞台剧，唐纳德是主角，他装扮成王子站在舞台中央，而丹尼尔则扮演一位端水的仆人，而且由于紧张，丹尼尔还在舞台上摔了一跤，惹得家长们哈哈大笑。回到家以后，丹尼尔的父亲又开始责骂起儿子来：“怎么搞的？你为什么要在大庭广众之下丢人！看看人家唐纳德，打扮成漂漂亮亮的王子！你呢，卑微又丢脸的仆人！你为什么就不能学学唐纳德……”在父亲的责骂声中，丹尼尔脸色惨白地缩在椅子上，心里只有一个想法：杀死唐纳德！没有他，爸爸就不会再这样责骂自己了。两天后，丹尼尔偷出了爸爸的手枪，在学校里打死了唐纳德。悲剧发生后，丹尼尔的父母悲痛得不能自已，用爸爸的话说是：“我是爱孩子的呀！只是他的怯懦让我无法容忍。比较也是为了让他进步啊！”

丹尼尔的父亲认为比较可以促进孩子进步，然而这只是他一厢情愿的想法。在丹尼尔看来，父亲的消极比较就是对他的否定，是厌憎他的表现。如果这位父亲当初能对孩子多一点包容，不要拿孩子比来比去，那么悲剧也就不会发生了。

生活中，我们常见到父母抱怨子女说：“为什么莉莉考的比你好呢？”“你看看人家童童，科科一百！你为什么就不能向好孩子学学？”……

这就是父母常用的比较，他们习惯于拿他人的优点来比较自己孩子的缺点，也许他们是出于想要激励孩子的好心，但孩子脆弱的心理怎能承受如此的不被肯定，而且还是来自自己的父母。通常的结果是，比来比去，把孩子的自信心和自尊心都比没了。

有调查表明，近三分之二的家长喜欢夸奖别人的孩子。这样做往往出于不同的动机，有的是为了刺激孩子，让他为自己感到羞耻；有的是为了激励自己的孩子进步；有的纯属向自己的孩子发牢骚，嫌自己的孩子不争气。无论何种情况，只要家长的比较包含着对自己孩子的贬抑，都是对孩子自尊的一种伤害。

拿别人的优点来与孩子的弱点比较，是一种消极的比较法，只能在孩子心里播下自卑的种子。家长越比较，他就越会感到自己是个“无用的人”，从而陷入“自我无价值感”的深渊，产生对什么都不感兴趣、破罐

子破摔的心理。

竞争是重大压力的来源之一，它会打击人的信心，使本来已有的能力无从发挥。因此，自小便培养孩子与人相比的想法是很不健康的，结果往往是孩子变得更脆弱更经不起挫折和失败。我们要注意的是培养孩子克服挫折和失败的勇气，而不是使其成为竞争的牺牲品。

让孩子相信自己一定行

每位父母都希望把自己的孩子教育成才，而教育学家告诉我们，要想成功地教育孩子，首先就要给孩子塑造“好孩子”的感觉，只有孩子坚信自己“行”，他才能够成才。

如果父母想知道这种心理暗示的作用有多大，那么就请看下面这个故事：有一位热爱音乐的青年，在音乐创作的道路上摸索了很久，进步却很小。因此他经常怀疑自己是否有音乐天赋，对未来前途感到十分迷茫。后来他决定去拜访柏辽兹，希望这位他最崇拜的大作曲家指点迷津。

青年人演奏了一首自己创作的曲子后，诚恳地问：“柏辽兹先生，您认为我适合从事音乐创作吗？”

柏辽兹听出来，青年人的演奏虽然很熟练，却缺少某种灵气，很显然，他对音乐的理解还停留在很浅的层次，甚至可以说根本缺少灵感。一个学过多年音乐创作的人，仅仅达到这个水平，可不是缺少天赋吗？因此，柏辽兹坦率地说：“年轻人，我毫不隐瞒地对你说，你根本没有音乐才能。我之所以痛快地对你下结论，是为了让你趁早放弃，另寻出路，免得浪费时间。"

青年人一听，此言正好证实了自己的疑惑。他大失所望，带着羞愧不安的心理向柏辽兹告辞，然后垂头丧气地走了出去。

柏辽兹话刚出口，便感到懊悔：这对青年人的自尊心和自信心是一个多么大的打击呀！再说，自己的那番话未免太绝对了，一个人的天赋有欠缺，可以用勤奋弥补，即使达不到极高的境界，也会有所作为的，为什么要叫人家放弃呢？因此，他决定采取补救措施，挽回青年人的自信心。

柏辽兹赶快打开窗户，看见那个青年人正垂头丧气地走在街道上。于是他从窗口探出头，叫住青年人说："我不改变刚才对你的评价。但是，我认为有必要补充一句：大师们当年对我也是这么说的。记住，你和我当年一模一样，是的，一模一样！"

青年人听闻此言，顿时精神大振，重新树立起了信心。多年后，他经过刻苦努力，终于成为一个知名的作曲家。

柏辽兹是这个年轻人最崇拜的人，因此，从柏辽兹口中说出的每句话都可能带给年轻人深远的影响。当柏辽兹断言年轻人没有音乐才能时，年轻人立刻失去了信心，而且很可能因此放弃自己在音乐方面的理想。幸好柏辽兹很快纠正了自己的错误，他的那句"和我当年一模一样"给了年轻人这样的信念：我和大作曲家年轻时是一样的，那么他的现在就是我的未来，只要刻苦努力，我也可以成为著名的作曲家！年轻人不断努力，而最后他成功了！

这个故事给我们最重要的启示就是：一个人即使不是真正的天才，但只要他找到了天才的感觉，就一定能够成才。教育专家周弘为了鼓励女儿婷婷成才，为了帮女儿找到天才的感觉，为了让她相信自己"一定行"，就费了不少苦心。

首先婷婷的智商是105，而天才儿童的智商底线是130，但周弘却告诉女儿说：“智商只能测记忆力，无法测悟性、灵感，而你正是这方面的天才。”另外，他又制造了“海伦·凯勒转世”的故事鼓励女儿、教育女儿。

海伦·凯勒是19世纪美国的一位又盲又聋的伟大女性。她6岁半时一个字不会说，18岁时却精通5国语言，轰动全世界。一天，周弘看《海伦·凯勒传》时，无意中发现海伦的生日是1880年6月27日，灵光一闪，精神为之一振。女儿婷婷的生日是1980年6月29日，天下竟有如此巧合的事！他按捺不住心中的喜悦，赶快把这件事告诉自己的女儿。

“婷婷，太好了，告诉你一个好消息。我一直在纳闷，你为什么这么聪明，这么有灵性，原因终于找到了。原来你是海伦的‘转世’啊！”

“为什么这么说？”女儿不解地问。

“你看，你的生日跟海伦相差整整100年，一天不差。”

“真的吗？”婷婷瞪大了眼睛。

“白纸黑字，一点也没错。”周弘把书递给婷婷。

婷婷接过书一看，有点失望。

“她是6月27日，我是6月29日，相差两天。”

周弘不慌不忙地解释道：“据我了解，一天不差，海伦妈妈生她时是顺产，你妈妈生你时难产，刚好耽误了两天。”

顿时，婷婷兴奋得两眼放光，仿佛海伦的血液在自己的血管里奔腾，海伦的灵魂在自己的脑海里游荡，感觉找到了！

长大后，婷婷自己讲，海伦给了她无穷的力量，小时候做事遇到困难时，就常常想象自己是海伦·凯勒。

这个故事也许对许多父母有所启发。为什么现在有的孩子明明不笨，但学习成绩却不好，许多父母百思不解，彻夜难眠。其实最根本的原因是找不到感觉。

有了天才的感觉，是成为天才的第一步。“天才的感觉”实际上就是一种暗示，这种暗示一旦埋入孩子的心中，就会渐渐发芽，成长为信心的大树。

既然周弘这位只有初中文化水平的父亲，都能用虚拟暗示的方法把女儿培养成美国名牌大学的研究生，那么父母们为什么不能试试正确运用这种方法把孩子培养成才呢?

比如，你的孩子数学不好，每次考试都不及格，这时你就可以改掉往日训斥孩子的做法，温和地对他说 :“爸爸、妈妈的数学都很好，根据遗传原理，你一定也具有数学天分，所以加把劲，你就一定会考好! ”这样做，孩子最初可能会有点怀疑，但你常常这样告诉他，孩子慢慢就会相信 : 我真的行。一个“行”字消除了孩子对数学的恐惧感，唤起了孩子的求知欲，帮助孩子找到了学习的乐趣，孩子就会因此真的“行”了。

持之以恒地相信孩子行，就是不断地给孩子积极的暗示，这样无形中就会点燃孩子的自信心和学习的热情，久而久之，孩子就真的会变成一个很“棒”的孩子。

你也有比别人强的地方

当发现孩子嫉妒别人时，父母常会指责孩子心胸太过狭窄，其实，导致孩子嫉妒的原因是相当复杂的，有一点就是害怕。比如害怕自己不是一个优秀的人。因此，如果父母能让孩子更喜欢自己，让孩子认识到自己也

有比别人强的地方，那么孩子的嫉妒心理一定会减轻很多。

孩子的嫉妒心理往往产生在这样的情况下：他人的才能、地位、境遇或相貌等方面优于自己；意识到自己对某人、某事、某物的占有或占有意识受到现实的或潜在的威胁；自己的社会尊重需要未能得到满足等。

嫉妒情绪普遍存在着。在嫉妒者的眼里，被嫉妒者的成功仿佛证明了自己的失败；被嫉妒者的辉煌好像印证了自己的无能；被嫉妒者的各种优势又似乎说明了自己的不幸。有的人看到别人的才华、能力、荣誉、人际关系、经济条件比自己好，长相、衣着超过自己，学习成绩比自己优秀，便会不由自主地感到羡慕，继而产生恼怒、痛苦。一些孩子甚至会千方百计地拖别人的后腿、拆台。

有一个男孩，家境不是很好，这使他有点自卑。而和他同宿舍的一个男孩，家庭条件却非常好，亲朋好友常给他买许多衣服、食品之类，男孩便趁宿舍无人之机，把这位同学的衣服洒上胶水或干脆扔出窗外，还把同学的钢笔、U 盘等随手扔进卫生间的下水道，为此造成了同宿舍同学间的许多误会。直到有一天，他又故会重施时被偶尔回宿舍的同学撞见，事情才水落石出。后来这个孩子哭着说，他只是觉得自己不如人，别人一定在背后笑他，因此才越来越嫉妒富有的同学，才会做出这种事。

嫉妒者有时是因为无法肯定自我。在他人的心目中，自己是个什么样的人呢？自己是不是能凭借能力取得进步呢？诸如此类的问题往往不自觉地在心中出现，而面对这些问题又无法找到解决的答案，时而认为是肯定的，时而又认为是否定的。在这样的心态下，遇到一些比自己强的伙伴，一些人缘好的伙伴，一些条件比自己好的伙伴便容易产生嫉妒。越是嫉妒，越是无法肯定自我。

要想纠正孩子的嫉妒，那么首先就要让孩子学着肯定自己，而要让孩子肯定自己，就得纠正孩子不良的认知习惯。这种认知习惯突出表现在不恰当的比较上。他们习惯于用别人的优点、长处与自己比较，总觉得自己不如人。实际上，这种比较是不平等的，怎么能拿自己的弱点与别人的优点去比较呢？这类孩子往往看不到自己的优点、长处、优势，发现不了自己的潜力。比如，有的孩子羡慕家庭经济条件好的孩子，羡慕他们的吃喝、穿戴，却意识不到和睦的、民主的家庭气氛往往比经济条件更重要。因而，看不到自己家庭的优势，嫉妒那些家庭经济条件好的孩子。

那么，父母们怎样才能帮助孩子克服嫉妒心理呢？

1. 帮孩子正确认识自我

父母应该让孩子认识到，每个人都有自己的长处，也有自己的不足。所以作为父母，不但要正确地认识孩子，还要帮助孩子形成正确的自我认识。孩子都喜欢受到表扬和鼓励。适度的表扬，可以增强他的自信，促进他不断进步；如果表扬过度，就会使孩子骄傲，不能正确地进行自我评价，甚至当有人说别人好，没说他好时，他就难以接受。比如人家取得了成就，便误以为是对自己的否定，对自己是威胁。其实，这只不过是一种主观臆想，一个人的成功不仅要靠自己的努力，更要靠别人的帮助，荣誉既是他的也是大家的，人们给予赞美、荣誉，并没有损害自己。而孩子之所以产生嫉妒心理，是因为他还不能全面地看问题，不能对自己和他人进行正确的评价，这就要求父母在与孩子相处的过程中，要注意让孩子正确地认识自我。

2. 培养孩子分析思考问题的能力

教给孩子客观地看待和分析问题的方法，培养孩子分析思考问题的能力，不仅能使孩子正确地认识自己，正确地对待别人，还能使孩子的理智得到较好的发展。在日常生活中，父母要有意识地设置环境，创造氛围，让孩子从日常的生活中，认识到“山外有山，人外有人”，事事领先的人是没有的。如果父母设法使自己的孩子养成分析问题、研究问题的习惯，孩子的情感就会不断丰富，心理就会日趋成熟。这时，即使孩子对某人产生了嫉妒心理，也会很快地被理智的思考所抑制。

3. 让孩子看到自己的优势

俗话说“金无足赤，人无完人”，每个人都有自己的长处和短处，也都有优势和不足。某些方面自己比别人强，某些方面自己不如别人，这是客观的必然现象。有些同学记忆力不好，花费同样的时间，没有别人记东西多，你不必嫉恨别人，而应仔细认识一下自己；也不必抱怨自己，也许你会发现，你有顽强的意志，充分发挥你的意志力的作用，可能在别人半途而废的地方，你能取得胜利。你的容貌不如他人，但可能你的品德高尚、知识渊博，难道这不同样值得自豪吗？为什么一定要嫉妒别人的漂亮呢？

一个真正了解自己长处、喜欢自己的孩子，是不会去嫉妒别人的，因为他有让自己引以为傲的东西，因此，要纠正孩子的嫉妒心理，只要帮他喜欢自己、接受自己就行了。

给予孩子更多关注和肯定

有些孩子走路总是低着头，不敢与人主动打招呼；不敢当众发言，怕引起别人的注意，而且也不敢正视别人，说话低声细语，整天愁眉苦脸，父母因此忧虑不已：孩子这么自卑，以后怎么跟人打交道啊！

其实，这些孩子也讨厌自己畏畏缩缩的样子，在内心深处，他们甚至比普通孩子更加渴望得到父母和老师的表扬和关注。因此，如果爸爸妈妈能够给予孩子更多的肯定和关注，让孩子喜欢自己，那么孩子自然而然就会大变样。

有一个孩子，从小就特别害羞，爸爸还曾取笑他：“我的这个儿子简直比女孩还要害羞！”孩子渐渐长大了，他的害羞情绪好像更强烈了，看到陌生人不敢说话，路上遇见老师同学都要躲着走，爸爸很生气，骂儿子没出息：“连和人打招呼都不敢，以后能有什么出息啊！”爸爸失望地说。孩子在日记中写道：“现实中，我是一个没用的孩子，害羞、内向、胆怯，什么也不行！可是我多么渴望自己能像同学们那样啊！神采飞扬地演讲，大声地说笑，在运动会上拼搏，在同学的加油声中飞跑……我真讨厌现在的自己！”

教育学家告诉我们，孩子的自卑心理是可以调整的，自卑的孩子需要鼓励、需要肯定。如果父母、老师能够多给这些孩子一些关注，让他们悦纳自己，不再厌恶自己，那么这些孩子就会变得更快乐、更自信！

那么，爸爸妈妈们应该怎么做呢？

1. 给孩子更多的关注

自卑的孩子其实渴望别人的关怀和关注，特别是老师和家长的关注。所以，我们应适时地满足孩子的心理需求。

萧萧长相不出众，胆小畏缩，上课很少回答问题，喜欢一个人在教室里呆坐。在一次手工课上，老师让大家折纸飞机，萧萧一点也不会，老师过去教他，可他还是不会。全班小朋友一起喊：“老师！让萧萧上台去做。”老师原本怕伤了他的自尊心，正打算制止同学们，却见萧萧显示出从没有过的开心，和同学推挤嬉笑。老师顿然明白，萧萧的自卑也许正是因为从来没有像今天这样备受关注。

这个故事很值得深思，爸爸妈妈们应该从中得到启发，多给孩子一些关注，他会逐渐懂得肯定自己的价值。

2. 多给自卑的孩子一点表扬

对自卑的孩子，爸爸妈妈要适当降低对他的要求，不要太过苛求孩子。对他们正在做的好事或平时的点滴进步，都应及时予以表扬或肯定。

瑶瑶是个自卑的孩子，一次，瑶瑶在画纸上画了一个会飞的小人，一起玩的小朋友看了哈哈大笑，都说瑶瑶笨！瑶瑶低着头，脸红红的。这时爸爸拿起瑶瑶的画，脸上露出满意的表情说："瑶瑶的想象力真丰富，她是画了一个外国的小朋友，飞来我们这个城市玩的，爸爸猜对了吗，瑶瑶？"瑶瑶深深地点了点头。小伙伴们走了以后，瑶瑶跑到爸爸面前说："爸爸，谢谢你！"听到瑶瑶的这句话，爸爸很高兴，因为孩子的肯定是最珍贵的。当然，需要强调的是，你应该让孩子觉得：你对他的表扬完全是诚恳的，而不是应付的、客套的，这样孩子才会真正相信自己是值得别人喜爱的。

3. 多帮孩子肯定自己

自卑的孩子，心中的自我肯定往往也是脆弱的，因此极需要得到父母经常不断的强化。强化孩子自我肯定的方法很多，比如：可让孩子为自己记一本进步手册，并告诉孩了，所谓"进步"，并不一定非得是了不起的成就，任何小小进步，以及为这种进步所做出的任何小小努力，都有资格记载入册；爸爸妈妈也可为孩子准备一些小小的奖品，如钢笔、玩具、CD 等，每当孩子做出了一件令他自己感到自豪的事或一点成绩，你就以奖品鼓励他；你还可以教孩子不断地对自己做正面的暗示，比如，当孩子遇到困难踌躇畏缩时，你不妨让孩子自己鼓励自己："这没什么了不起的，我一定能行的！"

记住，家长的肯定就是纠正孩子自卑心理的灵丹妙药，这种肯定会使他们对自己有个全新的认识，并慢慢地找回信心。

第六讲

教会社交礼仪，孩子在朋友圈游刃有余

礼仪就是孩子做人的“身份证”，是孩子随身携带的“教养名片”，一个人的礼，就是一面照出他肖像的镜子。家长对孩子进行礼仪教育不是一般的礼貌教育，而是一种道德修养。孩子处于心理与行为发展的关键时期，加强礼仪教育，有助于孩子形成健全的人格，进而促成他们将来良好的社会关系。

彬彬有礼的孩子人见人爱

礼仪是人与人之间沟通、交往的基础与桥梁。相对而言，懂礼貌的孩子更容易得到人们的喜爱，成为一个受欢迎的小家伙。所以，我们要从小培养孩子文明有礼的好形象，这会使我们的孩子更易于融入社会。

从交际的角度来看，礼仪可以说是人际交往中适用的一种艺术、一种交际方式或交际方法。是人际交往中约定俗成的示人以尊重、友好的习惯做法。

从传播的角度来看，礼仪可以说是在人际交往中进行相互沟通的技巧。

从个人的角度来看，一是有助于提高人们的自身修养；二是有助于美化自身、美化生活；有助于促进人们的社会交往，改善人们的人际关系；还有助于净化社会风气。

从团体的角度来看，礼仪是团队文化、团队精神的重要内容，是团队形象的主要附着点。大凡国际化的企业，对于礼仪都有高标准的要求，都把礼仪作为企业文化的重要内容，同时也是获得国际认证的重要软件。

所以，学习礼仪，懂得礼仪，不仅是时代潮流，更是提升孩子竞争力的现实所需。

北京八中的刘畅是一位品学兼优的学生，他的父母是这样教育他的：

在早期教育当中，他们除了开发他的智力外，也同步进行着文明行为的训练，培养孩子彬彬有礼的习惯。例如，在宴席上，他们让孩子坐在椅子上，默不作声地吃大人夹给他的饭菜。咳嗽时，他们提醒孩子要对客人说“对不起”。饭桌上，孩子不小心把饭粒掉在地上，他们抓住他的小手，一边拍打其手心，一边提醒他不许再犯。饭后，孩子要保姆替他取水，他们提醒孩子，不该随意让别人帮自己做事，若是非麻烦别人不可，一定要说“请”、“对不起”、“麻烦您”、“谢谢”等礼貌用语。

凡是见过刘畅的人都说他气质好、彬彬有礼，落落大方。这也是从小到大逐步养成的。在早期教育当中，刘畅的父母除了开发刘畅的智力、增加灵气、培养能力之外，也同步进行着文明行为的训练。他们的目标不仅仅是要培养出一个聪明的孩子，也要培养出一个文明的孩子。从刘畅学会说话，能够听懂一些简单的提示和要求时起，他们就有意识地在各种场合下，告诉他应该怎样做。比如早晨离开家时，要和家里人说“再见”，到了幼儿园要问“阿姨好”、“小朋友好”等等。刘畅是坐医院通勤车长大的，在通勤车上，医护人员还教他学会分辈儿，当他准确地称呼“爷爷”、“奶奶”、“叔叔”、“阿姨”时，那稚声稚气的样子着实惹人喜爱。

其实，刘畅父母的这些教育，许多父母都做了。为什么有的效果差些呢？原因有两个：一是不能一以贯之地坚持下去；二是父母对孩子要求是一回事，自己却未能以身示教，使孩子感到迷茫，不知如何是好。因而，父母要利用一切机会培养孩子讲礼貌的习惯，持之以恒，反复训练。

培养孩子文明礼貌的习惯，要从一点一滴做起。父母可以从以下几个方面入手：

1. 为孩子树立榜样

古语说：“己正而后能正人。”父母若要孩子礼貌待人，首先自己要做表率，父母对孩子的影响最直接、最深刻。父母的身教是对孩子最生动、最实际的教育。父母应充分利用家里来客的有利时机提醒孩子，给孩子示范，使孩子在亲身体验和实践中理解文明、礼貌、热情的含义，并通过父母的行为潜移默化地影响孩子，使孩子在耳濡目染的环境中，逐步形成礼貌待人的品德。

2. 强化孩子的自尊意识

文明礼貌的习惯看起来是一种外在行为表现，实际上它与人的内心修养，特别是与人是否具有自尊与尊重他人的意识有着十分密切的关系。自尊就是自己尊重自己，不容受到侮辱和歧视，维护自己的人格和尊严，争取获得好的社会评价。正常人都有自尊心，欲自尊须先尊重他人，遵守社会秩序，注意文明礼貌。很难想象，一个丧失了自尊心的人会具有什么文明礼貌习惯。文明礼貌的习惯实际上是人满足自尊心的一种重要手段，所以要强化孩子的自尊意识。

3. 对孩子的表现做出评价

对孩子的行为做出评价通常是刺激孩子学习的最佳催化剂。客人在时，父母对于孩子良好的表现可以表扬、鼓励；客人走后，父母也可以对孩子的表现做出评价，肯定做得好的地方，指出不足以及今后要注意的地方。这里需要指出的是，孩子在接待客人中出现了失误，如打碎了茶杯、弄脏了饭桌，父母千万不要当面批评，要保护孩子的积极性，对待孩子的过失要重动机轻结果，要原谅孩子由于缺乏经验而出现的过失。孩子礼貌待人的行为规范不是一朝一夕形成的，要靠平时不断教育、训练和强化。年轻的父母要经常为孩子提供“教育情境”，让孩子不断练习，巩固孩子热情、礼貌待人的行为，这对孩子思想品德、学识能力、行为习惯的培养都有积极的推动作用。

4. 要培养孩子养成对人对事最起码的礼仪

坐要有坐样，站有站样，这也是一种文明礼仪。说话要和气，要轻声。有的父母说话大声嚷嚷，孩子也会学着父母的样子。那么我们要不要培养孩子大声说话呢？只是在给大家说话的时候要稍大声一些，让大家听得见，平时说话要轻轻的。

一个人生活在社会上，要想让别人尊重自己，首先要学会尊重别人。从小就让孩子知礼达理，能为孩子将来的社会交往铺垫好和谐融洽的气氛，能够使孩子轻松建立、保持、改善人际关系。

教孩子真诚地说“谢谢”

感激之心不是先天的，亦不是凭空而来的，它是在道德教育、环境熏陶和社会实践中逐渐形成的。孩子如果在待人接物时不能怀有感激之心，那么就无法建立和谐、融洽、温馨的人际关系。

一个周六的傍晚，华华的妈妈和往常一样在厨房忙碌，而华华正在电脑桌前敲打着键盘，玩着游戏。

忽然，电话铃响了。妈妈因忙着照看煤气灶上烧的菜，便叫儿子接听电话。儿子在电话机前站了大约5分钟后把电话挂了。挂完电话，他显出很不高兴的样子，嘴里嘀咕着：“以后我不接电话了。这么费劲！……”妈妈立刻猜到：准是华华奶奶的来电。

华华的爷爷奶奶在外省工作。由于路途遥远，一年中他们只回家探亲一次。因此，电话就成了他们和家人沟通联络的纽带。奶奶是一个心思细腻、对小辈呵护备至的人。每个周末，她都要和家里通一次电话。而电话多半是她先打过来——她似乎总等不及孩子们的去电。一周的时间，对于她来说，太长了。每每来电，奶奶都要向华华嘘寒问暖，吃喝拉撒，她样样过问，事事关心。

刚才，一定是华华嫌奶奶太唠叨了。

此刻华华撅着嘴巴向书房走去。妈妈走过去拉住了他。

“刚才是谁的电话？”妈妈压住性子明知故问。

华华显出不耐烦的样子：“还会有谁？总归是奶奶的了！啰里啰唆，又没有什么事情！”

“奶奶在电话里和你讲什么？”妈妈再一次明知故问。

“还不是每次都一样？什么‘早饭一定要吃好！’‘晚上要早点睡觉！’什么‘在学校上课累不累？’‘放学后打球吗？’‘长胖点了吗？’……哎呀，真是烦死了，不说了！”华华越说越不耐烦，挣脱妈妈的手朝书房走去。

妈妈看到孩子这样，觉得一定要好好教育孩子。

如华华这样的例子在青少年中不在少数。现在的孩子很难体会到长辈的爱心，很多父母甚至叹息道：“现在的孩子太少感激之情，连一句谢谢都不会说。”

那么，爸爸妈妈们可知道，孩子为何吝啬说谢谢？

1. 不愿意说谢谢的孩子一般都是有自己的想法、比较有个性的孩子。这时候如果家长逼得太紧，往往会发生越是让说孩子越不说的情况。

2. 家庭环境的原因。孩子不懂礼貌并不是天生的，而是后天学会的。家长有礼貌，家人相互之间讲礼貌，他们再要求孩子讲礼貌，孩子一般都不会很难开口说“谢谢”；如果家长自己平时都不说一些类似“谢谢”的礼貌用语，反而告诉孩子要说“谢谢”，这确实有点强人所难。

3. 还有些家长对孩子不向别人道谢的行为睁一只眼、闭一只眼，认为都是些小事儿、无需锱铢必较，更甚者反而以微笑的眼光看着孩子，孩子会误认为自己的行为是正确的，往后的行为可能会变得更加出格。

事实上，在这一方面，很多家长在教育上都存在一定的误区：

1. 很多父母在引导孩子说谢谢时，并没有告诉孩子原因——为什么要谢谢，所以孩子只是机械地重复家长的语言，不明白其中的意思。

2. 很多父母会在孩子说了谢谢或者表达过谢谢意思之后，依然重复地让孩子说“谢谢，谢谢”。这种画蛇添足的行为容易影响孩子对谢谢的理解或者引起孩子的逆反。

3. 父母不应该采用武力等方式来逼迫孩子说谢谢。年龄小的孩子，是非概念不是很清晰，自我意识又占主导位置，他们的很多言行较难控制，这就需要做父母的在这个阶段具备很强的耐心，不然就容易使孩子产生逆反心理及反叛情绪。其实，在孩子心情不好、不愿意主动说“谢谢”的时候，父母最好不要马上给孩子定义成一个没有礼貌的孩子，要理解孩子的心情，并适时加以引导，慢慢孩子就会有所改观。相反，如果父母强行让孩子改正，只能让孩子更加叛逆。

作为父母，我们应该教会孩子真诚地对他人说：“谢谢！”让孩子学会感激他人，让孩子在谦虚和真诚中得到朋友的帮助，从而一步步走向成功。

1. 引导孩子热爱自己的爸爸、妈妈等长辈，喜欢老师和班中的同学；感激爸爸妈妈和老师们对自己的爱，对自己的教育和帮助。并采取一些方法来表达自己的感激之情，比如说，教师节给老师送张贺卡；帮助爸爸妈妈干家务等等。

2. 引导孩子尊重周围的劳动者，感谢他们为社会做出贡献，使我们有一个良好的学习和生活环境。

3. 让孩子多参加集体活动。现在的绝大多数孩子都是独生子女，从小就是衣来伸手、饭来张口，他们已经习惯了爸爸妈妈的照顾，并且觉得这是应该的，凡事以自我为中心，不懂得感激他人。这样的孩子开始在集体活动中很难和同龄伙伴和睦相处，也不懂得感谢别人为自己做的事。只有在集体活动、集体交往中碰了几次钉子之后，才会意识到要想到他人，要感谢他人，在活动中获得与他人相处的经验。

总而言之，爸爸妈妈有义务也有责任，从小在孩子内心播下说“谢谢”的种子，这样才能让孩子说敬语的习惯像植物一样自然生长。因为，一个人小时候养成的习惯是非常稳固的，终身都会起作用。“谢谢”看似只是个简单的敬语，但其实背后蕴含着最起码的感恩，最基本的是非观念，以及最直白的责任教育。

从小正确地教孩子学会谦让

现如今国内的独生子女越来越多，父母长辈对他们更是疼爱有加，无论孩子提出什么样的要求，都一一答应。时间久了就会造成孩子个人主义。独生子女时代的小孩子个人意识也越来越强，但家长只需要正确引导，就能培养孩子谦让的好品质。每个父母都希望自己的孩子能健康成长，品学兼优，礼貌谦让。但是怎样的孩子才是谦让，什么时候需要谦让，这是关键所在。

有的家长担心，如果孩子总是谦让，就会不懂得去争取，变得懦弱，什么都无所谓，所以不太能把握好孩子该如何谦让。

其实，谦让的品质是孩子融入社会，学会与人相处的表现。

家长要明白，这个社会，没有竞争，就不会进步，个人的生存和发展就会受到制约：但一味盲目地强调竞争而不懂得谦让，那“竞争”就会走进“死胡同”，变成自己的“独角舞”，最终只会引起别人的反感。所以，父母既要让孩子学会竞争，又要学会谦让。只有具备较强的竞争意识又具有谦让品质的人，才能在群体中，在未来的社会竞争中，团结他人，开创美好的未来。竞争、比拼和谦让、宽容并不矛盾，竞争、比拼的出发点是为了自己，但是要尊重别人的权利，谦让、宽容的出发点是为了别人，但是要维护好自尊。两者结合可以让孩子学会正确处理自己与他人之间的关系。

大凡世间万事，无不是“争则不足，让则有余”。邻里之间、同学之间、路人之间遇产生盾，即使“有理”，让一让也会海阔天空，谦让是一种胸怀、一种美德、一种风度、一种智慧，更是一种修养。社会需要谦让精神，时代呼唤谦让精神，我们要教育我们的孩子：在为人处世中须学会谦让。

在这里我们需要特别强调一点，谦让固然是好品质，但也不要让孩子毫无原则地谦让，家长无原则地教孩子谦让，就会带给孩子“委屈”和“不公”的感受，甚至由此衍生出错误的思想。比如孩子的玩具被邻居小朋友抢走了，家长不但不帮孩子要回来，反而叫孩子让给别人，还美其名曰“谦让”、“分享”。这就好比你走在大街上被人抢了钱包，你不但不抢回来或者报警，反而将钱包拱手让人，这还是谦让吗？同样的事情发生在成人身上会觉得荒谬，成人却以种种荒谬的理由来要求孩子！家长可能会对孩子说：“你比邻居弟弟大，你看他都哭了，你让出来吧。”那么孩子就会认为：年龄小的要让，下次遇到年龄比我大的，我也可以蛮不讲理，抢人东西；别人哭了就要让，以后不管遇到什么事，我都哭，哭就可以得到利……而当孩子做出这些事情的时候，家长们又开始一味地责备孩子不讲

理，可家长们有没有想过，这些其实都是我们暗示给孩子的。

不分青红皂白地谦让会让孩子产生混乱，不利于建立规则，不利于培养孩子辨别是非的能力，还会让孩子觉得不被尊重、不公正，感到委屈和压抑。今天你强迫他谦让，你传递给他的信息就是他也可以强迫别人谦让。

总的来说，谦让的品质我们一定要为孩子培养，但不要教孩子无原则地谦让。下面我们再来说说，培养孩子谦让品质的具体方法。

1. 要注重言传身教

模仿是孩子的天性，家长应该在日常生活中潜移默化地对孩子施以积极的影响。带孩子坐公共汽车时，家长在车上看见年迈的老人和抱小孩子的妇女，便主动起身让座。这虽然是生活中的小事，但在孩子幼小心灵中进一步增强了尊老爱幼和谦让的意识。

2. 在集体中培养孩子的谦让意识

培养孩子的谦让意识，让孩子了解集体与个人的关系，把自己从“我”的概念中解脱出来。应该让孩子从小懂得，大家生活在一起，他需要的别人同样也需要，同样有享受的权利，不能一人独占，要想着别人。例如，吃东西时，让孩子学会愉快地把大的、好的给爷爷奶奶、爸爸妈妈，把小的、不好的留给自己，使他懂得谁最辛苦谁就应该得到更多，自己不是家庭中的“功臣”。

3. 在孩子争辩发生时给予积极疏导

小孩子们一起玩，很容易出现发生争辩的情况，家长不要太大惊小怪，要利用这个事情来引导孩子用自己的能力去解决，增进彼此的交流、理解和协调。让孩子们从良性的争辩中认识到，一个问题有多种解决方法是一件多么美妙的事情。

4. 运用多种手段、途径培养孩子的谦让品行

通过多种手段和途径，使孩子学会“谦让”语言和动作，促进孩子的谦让行为。孩子年龄小，受知识和生活经验的局限，语言发展不成熟，不能完整地表达谦让的意思，他们常常只知道谦让就是好，但是在什么情况下要让又不明白。所以，父母应先讲明为什么要谦让，对什么样的事要谦让，然后通过游戏、行动等来创造条件，帮助孩子学会谦让。

在我们生活的世界中，资源确实有限，利益冲突难免会发生。你的孩子先坐上了秋千，我的孩子就只能等在冷风中；你的孩子赢了游戏，我的孩子可能就会被老师忽视……凡此种种，牵动着家长们的神经。客观地看，大人们在意的并不是这些孩子间的小冲突和小争夺，而是担心孩子以后会养成默默吃亏的习惯。担心自己的孩子在竞争中落败，这才是大人紧张的根源。但我们仍然需要培养一个懂得谦让的孩子。谦让是人类美好的道德品质之一，是人生前行的一张通行证，是幸福微笑的一包催化剂，是和谐相处的必要条件。谦让往往使孩子与人无争，显得胸怀大度；谦让是打开别人心灵的窗口，能帮助孩子赢得朋友。

教育孩子要懂得平等待人

相信很多家长都发现，现在的孩子会有一点“势利眼”的倾向，比如，谁家的孩子打扮的比较漂亮，用的文具比较高级，他身边聚集的朋友就会多一些，大家都对他好一些。而家庭相对比较贫困的孩子，在学校可能就会遭遇冷淡的对待。甚至有些家长明确地要求自己的孩子，不要和那

些乡下的孩子一起玩，“脏兮兮”的。也有要求自己的孩子不要和学习成绩差的孩子一起玩，“成绩会变差”之类的。整个社会的功利化，导致了孩子纯真的童年开始功利化，这是值得我们深刻思考的问题。

海洋是个有点“势利眼”的孩子，他心里从没有平等待人的概念。平时在班里，他只跟家住城市家境富裕的同学来往，对那些来自农村的同学则不理不睬；他只跟学习成绩好的同学来往，对那些学习成绩差的同学则冷眼以对。他的这种做法，同学们看在眼里，不满在心里，尤其是一些来自农村的学生，他们感觉自己受到了海洋的歧视，心里很不服气。也因此从不和海洋说话。

在家庭生活中，海洋也是这样，平时对待他那些有钱有势的叔叔阿姨就很亲切，见了面后小嘴特甜，一口一个“叔叔”，一口一个“阿姨”地叫，叫得人心情都变愉悦了。而对于他家里的那些穷亲戚，他则看不上眼，既然看不上眼，那就也没有这么热心了，见了他们时，海洋都是爱搭不理的，其表现简直可以用“判若两人”这个词来形容。

许多孩子在不懂事的时候都有势利眼的倾向，不能做到平等待人，一视同仁。这一方面固然有孩子不懂事的地方，一方面也折射出父母教育的问题。因为父母的疏忽，造成了孩子从小就不能平等待人。而孩子是否能够平等待人，在一定程度上决定了他们在以后的交友过程中是否成功，也就决定了孩子将来能否成为一个成功的人。

一次，托尔斯泰在长途旅行中，到一个小火车站的三等车厢的候车室歇息，忽然听见有人招呼他：“老头儿！老头儿！”一位太太在车上探身车窗外喊他，“快去女洗手间把我的手提包拿来，我忘在那儿了……”托尔斯泰急忙赶到那里，幸好，手提包还在。“多谢你了！”那太太说，“给，这是给你的赏钱。”于是递给他一枚五个戈比的大铜钱。托尔斯泰不慌不忙地装进了口袋。“您知道您把钱给谁了吗？”一位同行的旅客问这位太太。他认出了这个风尘仆仆的赶路人就是大名鼎鼎的《战争与和平》的作者。“他就是列夫·尼古拉耶维奇·托尔斯泰！”这位太太一听惊叫道：“天啊！我干的什么呀！列夫·尼古拉耶维奇，列夫·尼古拉耶维奇！看在上帝的份上，原谅我吧，请把那枚铜钱还给我吧！把它给您，真不好意思。”“您不用感到不安。”托尔斯泰回答说，“您没有做错什么，这五个戈比是我挣来的，所以我收下了。”火车开动了，托尔斯泰微笑着，目送着渐行渐远的火车把那位不安的太太带走了。善哉，托翁！在等级森严的社会里，只有“老爷”才有资格把“赏钱”给下人，反之，就是大逆不道，对“老爷”就是莫大的侮辱。难怪这位太太要叫苦不迭，惶恐不安。而身为贵族，大文豪、大名人的托翁，却以普通人的身份自然地接受人家付给的一份酬劳（尽管他绝不缺这五个戈比），没有半点矫情，没有一丝做作。

在这里，托翁放下了自己的身段，显露出一个率真朴实的人的本色。在托翁看来，一个人，能够为他人做点力所能及的事，按劳接受对方给予的报酬，是天经地义的事情，与名望，地位、金钱无关。托翁本性流露的可爱举动，潜藏于后的其实是一种最可贵也最为难得的平等心态。一个人，拥有这种心态，才能身处高处而不骄纵，地位卑微亦不自弃。我们不是一直在强调尊严吗？其实，尊严的内核就是平等。

现实的社会中，由于各种各样的原因，人们存在着很多的不同：如高、矮、胖、瘦、穷、富、贵、贱、性别、种族、国别、家庭、职业等方面的差别。我们在教育孩子的过程中，应教会他们平等对待这种差异性，告知他们不管人们之间存在怎样的差异，都不应该去嘲笑别人，而应该平等对待、互相理解、互相尊重。

1. 平等地对待孩子

要让孩子学会平等待人，父母首先要平等对待自己的孩子，要和他们进行平等的交流。很多情况下我们与孩子的交流是不对等的，有时不经意间我们就给了他们不良的暗示：要显示自己的权威最好的办法就是让人服从，服从是值得赞许和表扬的，不服从就是不好的，就是不尊重自己。因此孩子在以后的生活中，是很难做到平等待人的。

父母们不妨经常地鼓励孩子表达自己的意见和看法，与其平等的进行交流。

父母可以定期召开一些家庭会议，让孩子也加入其中。家里有什么事情也可以和孩子讲一讲，听听他的看法或意见，鼓励他大胆地说出来，让他意识到自己在整个家庭中的地位和作用。

2. 家长的以身作则

孩子每天接触最多的人就是父母了，父母的一言一行对孩子有着很深的影响，如果父母平常就是个势利眼，看不起地位低、没有钱的人，只对有钱有势的人敬重有加，那么孩子自然也会受到父母这种坏风气的影响。是故，父母在平常的为人处事，接人待物中，应避免出现偏见和歧视的现象，做到平等待人处事。

3. 让孩子发现别人的优点

俗话说："尺有所短，寸有所长。"人各有各的优势，必须以积极、平等的心态对待每一个人，把每一个人都当作重要的人物来看待。对孩子而言，就是要让孩子积极发现每个人的优点和长处，从而做到平等待人。每一个优秀的成功人士，也总是了解别人的长处，做到平等待人的。所以，聪明的父母要鼓励孩子们发现每个伙伴都有自己的优点，每个伙伴都是值得我们尊重的，从而引导孩子平等待人。

其实，在每个人的周围都存在着很多人，他们可能身份地位、家庭状况都存在着差异，但是他们都是平等的人，没有谁可以凌驾于谁，只要坚持自己的立场，就都拥有独立的尊严。父母在教育孩子选择朋友的时候，必须从平等出发，让他们用真心去对待每一个身边的人，这样，孩子必然能够收获真挚的友情。

让孩子知错并真诚地道歉

孩子缺乏是非观念，自我控制能力差，通常不能正确认识到自己的错误。加上责任意识不足，通常在做错事后不懂得如何道歉。有时候父母以强迫的方式逼孩子说“对不起”，但实际上，这样做并不能让孩子完全认识到自己的错误。下面我们就说说怎么样才能很好地引导孩子学会道歉。

在孩子犯错以后，不同的家长会表现出不同的态度，一般来说，可大抵分为两种：

1. 勃然大怒，严格对待犯错误的孩子，非打即骂，用粗暴的方式逼迫孩子道歉。事实上，逼迫孩子道歉并不是明智之举，因为如果孩子不是主动去做，道歉就没有任何意义。

有一位美国妈妈 Amanda，她永远不会逼迫孩子去道歉，无论孩子是对还是错。她这种不纠正孩子行为的教育方法在很多家长看来非常不可理喻。但据 Amanda 自己说，这是作为母亲教养孩子最正确的育儿法——不主动要求女儿跟别人说对不起。

首先要说明的是，Amanda 的女儿 Brittany 是一位彬彬有礼的小淑女。她非常有礼貌，在邻居中常常获得好评。大多数情况下，这是个非常善良，绝不会给别人造成伤害的女孩子。

然而有一天，Brittany 告诉 Amanda，她把从教室图书角借来的书给弄丢了，因为图书角的书籍是自由取阅，不需要进行登记的，即使丢了也查不出是谁干的，Brittany 害怕遭到老师责备，所以没有将这件事告诉老师。

在接下来的几个星期里，Brittany 脸上的笑容消失了，她终日惶惶不安，隔着房门，Amanda 都能听到 Brittany 的叹气声。最后，在良心的谴责下，Brittany 将这件事告诉了 Amanda。

Amanda 听完 Brittany 的话，并没有马上对事情下定论，更没有马上逼迫 Brittany 去跟老师坦白、道歉，反而跟 Brittany 闲聊起来。

Amanda 询问 Brittany 最近的心情，Brittany 垂头丧气地告诉 Amanda，说自己非常烦恼，也很内疚。于是，Amanda 问 Brittany，为了让你的心情能变得舒畅，你觉得怎么做比较好？我觉得这才是你要考虑的事，唉声叹气改变不了任何现状。

Brittany 关上门想了一晚上，第二天她将事情告诉了老师，并表示愿意通过工作进行赔偿。老师欣然应允了。

这事就这样简简单单过去了。Amanda 说因为 Brittany 本身就对丢书的事感到无比内疚，所以自己没必要去火上浇油。“她为自己犯下的错承受着痛苦，所以我才问她，为了不让自己痛苦下去，采取什么样的措施能让事情变好？我知道她最终还是会选择道歉的，所以不会刻意去逼迫她做这样的事。”

Amanda 的教子手段很新奇，但又在情理之中。一个孩子如果被逼迫着去道歉，哪怕他暂时低头了，也根本起不到教育作用，倒不如让孩子自觉去做自己该做的事。

2. 孩子犯了错，伤害了别人，有的家长认为：孩子这么小，哪里会道什么歉，实在要道歉，也是家长代替。

小豪和大北是一对好朋友，两人从幼儿园起就是同班同学了，然后又是小学的同班同学，现在升入初中了，又分在了一个班。他俩感情非常好，就像亲兄弟似的。

可是牙齿还有咬到舌头的时候，这天这对好友吵架了。原来，小豪向大北借了一支钢笔来写字，可是写着写着，却不知怎么坏了。小豪可心疼了，这是爸爸从国外给自己带回来的，平时自己都不舍得用，现在借给大北用，谁知道他却没有保护好。小豪埋怨道："这支笔我都舍不得用，现在可好，你却把它弄坏了。"

大北很抱歉，他小心翼翼地说："对不起，我也不知道怎么就坏了。要不，要不我给你买一支新的吧？"

在气头上的小豪说道："你上哪里去买呀？这是我爸在国外帮我买的……"

大北感到很委屈，他难过地说："是，我买不起，对不起了。"两个好朋友就这样因为这支钢笔吵翻了。

小豪回到家，感到很失落。妈妈看到了，便上前询问："怎么啦，不是到大北家写作业了吗？回来就这个脸色？"

小豪回答道："我刚才和大北吵架了，谁叫他不好好爱护我的钢笔。"

妈妈接过话茬："钢笔，就是那支你爸帮你买的钢笔吗？"

"嗯。"

"哎哟，那是昨天你表弟弄坏的，我还没来得及和你说呢。"

小豪这下急得都快要哭了："你怎么不早说，害我错怪了大北，怎么办?！"

妈妈看到儿子这般难过的情形，不知道如何是好，妈妈安慰道："别哭了，要不，妈妈帮你去和大北说对不起，这总行了吧。宝贝，别哭了。"

很多父母总是喜欢替孩子承担一切事情和烦恼，还有的父母甚至连子女的错误都要包揽在自己身上，要代替孩子给人道歉，故事里面的妈妈就

是这样的人。这些父母不知道，这样的做法对于培养一个有责任感的孩子来说，是百害而无一利的。

其一，这不是真正的疼爱，而是在袒护孩子的过错，孩子没有从错误中吸取应有的教训，也难以对自己的言行负责任。

其二，这种行为会让孩子觉得，犯了错误也没事，反正有爸爸妈妈替自己承担，于是在有恃无恐的情况下，孩子可能会反复犯错误。

孩子伤害了别人，就应该自己去道歉，去承担后果，付出代价，这不仅仅是为了得到别人的原谅，也是从小建立责任感，这对增强孩子的自律精神、谨慎言行，以便将来顺利融入社会生活，有非常重要的作用。但是，还是要强调一下，切忌强迫孩子去道歉，而因耐心引导，让孩子认识到自己的错误，并愿意主动去道歉。

引导孩子主动、真诚地为自己的行为负责，爸爸妈妈首先要弄清孩子不愿道歉的原因。

1. 人格发展还不健全

5 ~ 6 岁之前的孩子，很少能够考虑到其他人的感受。同情心是诚恳道歉的基础，但它是一项需要很多年才能慢慢发展完全的社会技能。一般来说，孩子要到 7 ~ 8 岁的时候，才能站在别人的角度上考虑问题，理解自己的行为给他人带来的伤害。

2. 儿童的“骄傲”和“自尊”

儿童的小小骄傲与自尊比同情心发育的相对要早，这也是导致他不愿意说“对不起”的原因，即使他知道自己错了，心里真的觉得很抱歉，但在他看来，这是保留自己面子的一种方式。

3. 不愿承认自己是坏孩子

如果说了“对不起”，就意味着承认自己做了坏事，在 3 岁左右的孩子的意识中，做坏事就意味着自己是一个坏小孩。

4. 父母使情况变得更糟

孩子在很小的时候其实就有了逆反心理，只是很多家长并没有注意到。当孩子犯错时，你的愤怒可能在他心里激起同样的愤怒反应。你越是大吼大叫发脾气，他就越不愿意说“对不起”。甚至，他还会采取很暴力的手段反抗你——气急败坏地踢人。或者完全被你的暴怒吓坏，简直不能够道歉。

那么，爸爸妈妈如何引导孩子知错并真诚道歉呢?

1. 当孩子犯了错误，家长应慎用批评的态度，更不要随意打骂孩子，因为很多时候，孩子的行为并不是恶意的。

2. 尊重和理解孩子的行为，关注孩子当时的情绪，保持孩子的自尊心。

3. 对孩子来说，从错误中学到东西才是最重要的，家长要让孩子明白该怎么做，并指导孩子的行为。

4. 爸爸妈妈应该明白，让孩子说“对不起”的意义不只在于道歉，而是让他们学会为自己的错误承担责任。孩子有时会抗拒道歉，这是因为他们需要一种认可——尽管我做错了事，但我并不是坏孩子，爸爸妈妈还是爱我的。

这时，不妨分阶段引导孩子主动去道歉，这样能够帮助孩子明白自己的行为对别人有什么影响，也能够让他学会如何补救自己的过失：

①当孩子做错事时，譬如与小伙伴打架，先不要急着让孩子去道歉，先让他平静下来。如果在孩子愤怒时强迫他去道歉，很有可能会激起孩子的逆反心理。

②待孩子平静下来以后，家长以平和的语气与其讨论刚才发生的事情，并回顾孩子曾经受到伤害的情景，让孩子感同身受，问他：“还记得上次乐乐冲你发脾气，你很生气很伤心吗？刚才你那样对明明，他现在也

一定很伤心呢。”让孩子明白他的行为给别人造成的伤害。这能激起孩子的愧疚心理，使他在将来遇到类似的事情能做出更好的处理。

③接下来，父母要做的就是引导孩子想出解决错误的方法。比如，可以问孩子："如果下次再发生那样的事情，你会怎么做呢？"让孩子自己想出合适的方法远比家长的说教效果更好。

5. 向孩子传达这样的思想——勇于承担责任的孩子是受欢迎的。当孩子做错事后，家长要让孩子明白是由于自己的过失才造成这样的后果。但错误不是不可挽救的，可以让孩子提出一些可行的补救办法，以增强孩子的责任感。一味地指责只会加重孩子的逆反心理，父母不仅要注意孩子言语上的道歉，更要让孩子摆脱自我为中心的想法，让孩子有愿意承担责任的勇气。

6. 给予孩子适度的惩罚与表扬。孩子犯错后，父母不可听之任之，除了让孩子明白错误的原因及补救方法外，还应该根据错误的严重程度给予孩子必要的惩罚。让孩子知道做错事后必须承受后果，从而牢记教训。家长可以通过目光注视、远离孩子、拿走孩子的玩具等惩罚措施，让孩子对自己的错误行为产生内疚，从而减少再次犯错的行为。当孩子意识到自己的错误而主动道歉后，家长也应该给予适当的表扬，让孩子明白知错能改的行为是父母所希望的。

7. 父母要以身作则，犯了错及时认错。父母是孩子第一任老师，孩子的很多行为都是在模仿父母。如果父母做错了事或是错怪了孩子，不要遮掩逃避，应该坦诚地向孩子承认错误。父母给孩子道歉，不仅可以融洽家庭关系，也能够让孩子明白，世界上的每一个人都会犯错，做错了没关系，重要的是要敢于承认，然后努力去改正。你的孩子并不会因此而把你看扁，你在孩子心中的威信反而会更高。

8. 有的孩子犯了错，总是寻找各种谎言来逃避责任，家长一定要及时纠正这种行为，让孩子明白说谎是一种恶劣的行为，比犯错误更让人不可原谅。

其实，孩子不会道歉，很大程度上是因为不懂得是非观念，不知道什么是对什么是错。家长应耐心告诉孩子为什么错了，错在哪里，需要如何做才正确。当孩子意识到自己的行为是错误的，道歉就显得顺理成章。但孩子有可能因为害怕承担后果而不敢承认错误，家长应鼓励孩子知错就改，给予孩子安全感，避免对认错产生畏惧感。

让孩子学会由衷赞美别人

有人说："赞美的效果常常会出乎人的预料，即使是简单的几句赞叹都会让人感到心理上的满足。向别人传递一个真诚的赞美，能给对方的心灵带来光明；赞美是语言的钻石，赞美有着巨大的威力，赞美是我们乐观面对生活所不可缺少的，是我们自强、自信、自我肯定的力量源泉。"

有一位母亲，她的孩子上幼儿班。这个孩子非常调皮好动，班主任老师告诉这位母亲，您孩子一节课，连 5 分钟也坚持不住——坐不稳。母亲回到家里，笑着对孩子说："宝宝，今天老师表扬你了，说你有进步，一节课有 5 分钟可以坐得稳稳的、乖乖的。"宝宝听了很高兴，第二天上课果然有 5 分钟能坐稳。

读小学时，一次开家长会，老师告状：你孩子的成绩是班级倒数十名之内，很难教！母亲回来后，孩子问："妈妈，今天家长会老师跟你说了什么？”母亲说：“老师在提起你时，说你的成绩有进步，不在班级倒数十名之内了！”孩子听了很高兴。

到初三时，班主任老师把孩子的母亲叫到办公室，诚恳地对她说：“您的孩子按目前的成绩考高中有点困难。”母亲回家后，对儿子说：“儿子，班主任老师对你抱有希望，说你只要能努力，会考进高中的。”孩子听后很自信。

高考前夕，母亲有预感，儿子可能会进重点大学。

后来，当孩子学业有成出国留学后，他写信给母亲的第一句话：“妈妈，没有您的赏识和鼓励，就没有我的今天，您是世界上最伟大的母亲！”

是啊，母亲赏识自己的孩子无可厚非。若你在生活中多一点赏识，多一点赞美，他人会收到意想不到的喜悦。所以，在日常生活中，父母应该培养孩子去发现、去寻找别人值得称赞的地方，并设法真诚地告诉别人，这样既能给别人的平凡生活带来阳光与欢乐，也会让赞美别人的孩子有一个良好的人生。

要知道，爱听表扬的话是人类的天性，人人都喜欢正性刺激，而不喜欢负性刺激。如果我们的孩子乐于赞赏他人，善于夸奖他人的长处，那么，人际间的愉快度将会大大增加。事实上，学会赞美和欣赏别人对于提高孩子情商水平有很重要的作用。赞美和欣赏都是一种积极的情绪。学会赞美和欣赏别人就是学会找出别人的优点，无形中看出了自己的差距，这是一种潜在的激励自己的动力，有助于自己的进步。同时由于你的赞美和欣赏，别人获得了鼓励，引起别人对你的好感，更愿意和你在一起，形成一种无声的凝聚力。

爸爸妈妈要养成孩子赞美别人的美德，就需要从小进行培养。孩子在 3 岁以前主要是在家庭中生活，因此家长就要注重孩子这方面的教育。

1. 爸爸妈妈首先要通过孩子的视觉、听觉，让孩子感受世间一切美好的事物，如颜色绚丽的图片；模样可爱、会发出各种声音的玩具；能使孩子的视觉产生美好刺激的家中的一切陈设等。父母应不时地用语言向孩子讲述这些“美”的东西，如：看这个图片中的小姐姐多漂亮呀！老奶奶多慈祥呀！虽然孩子不能理解你说的语言，但是孩子通过眼睛看到的，耳朵听到的以及爸爸妈妈愉快的表情，一种“美”的感受在孩子的大脑中保存下来。

2. 随着孩子的年龄增长，社会交往面不断地扩大，生活经验不断积累，这个时候，爸爸妈妈应该开始让他对家人和接触到的外人的优点进行赞扬，例如，让孩子对妈妈说，妈妈做饭多累呀，我亲亲妈妈！妈妈做的饭多香呀，谢谢妈妈！对亲戚家的姐姐说，姐姐的衣服真漂亮！姐姐真干净！虽然幼儿主要是模式化学习，对事物的看法只停留在表面性和情绪性上，不可能看透本质，但从这方面着手，让孩子先学会如何找出别人的优点，久而久之，这种良好的行为就会成为一种习惯固定下来，成为孩子个性中的一部分。随着孩子思维水平的发展，他就会逐渐从外表赞美进而发展到能够发现别人的内在美，随着孩子道德观和价值观的产生和发展，这种赞美和欣赏别人的行为就具有了特殊意义。

3. 爸爸妈妈也要跟孩子讲一讲关于给予负面评价的问题。如果孩子想不出任何正面的赞美话，一句中性的评价也能表达有意交流的愿望。如果你的孩子不能真诚地说“你的头发理得不错！”就说“我注意到你理发了。”但是说“你的新发式显得你耳朵向外翘”就不合适，即便那是真实的。

随时发现别人的进步，随时为别人的成绩而喝彩，随时为每一位上台唱歌的人而鼓掌，是一种智慧，是一种健康的心态。爸爸妈妈应该教会孩子赏识别人，赞美别人，努力去挖掘别人身上的闪光点。父母如果想让孩子长大后能很好地与人沟通，会得体地表达自己的心声，就从小培养孩子赞美的能力吧！语言是一种艺术，语言运用得体的人，会有一种特殊的魅力。

别让孩子学会了出口成脏

在生活中，我们会发现有的孩子到了一定的年龄，会突然变得爱说脏话，有的父母要么是狠狠地教训一顿，要么是拉过来揍几下，当时孩子可能不敢再说了，但时间一久依然如故。当父母面对说着粗言秽语的孩子时，指责往往不会产生积极的效果。

那么，家长怎么样才能把这些不雅的词汇从孩子的脑袋里清除出去呢？我们建议家长，千万不要过激，引导才是关键。其实，要解决孩子说脏话问题的前提条件是查明孩子说脏话的原因，然后再有针对性地给予指导。

先来说说孩子说脏话的原因。

孩子说脏话按照幼儿的心理发展水平，可分为三种：

1. 模仿性脏话：孩子说脏话往往是从模仿开始的，年幼的孩子往往没有是非观念，别人说一句骂人的话，他觉得很好玩，也跟着骂人，这是孩子说脏话的一种普遍心理。这一时期，如果父母、同伴或是影视节目里有不好的语言，这都会成为孩子模仿的对象。

2. 习惯性脏话：如果孩子的模仿性脏话得到成人的默许或者赞赏，那么，孩子说脏话就会成为一种习惯。比如，当咿呀学语的孩子突然冒出一句脏话，有些大人非但不制止，还哈哈大笑，这种行为无形中让没有是非观念的孩子认为自己说的是“好话”，为了博得大人的好感，他们就会将“好话”继续下去。

3. 有意识的脏话：3岁以上的孩子说脏话时，除了出于好玩，互相模仿外，还具有一定的选择性，他们能够初步理解脏话的含义，并对特定的对象说脏话，这就是一种有意识的行为。当然，也有些孩子是在与小伙伴发生矛盾或者受了欺负时被迫说脏话，以说脏话来发泄自己的不满。

不管怎样，孩子出口成脏，都是父母的责任。成人说脏话，听的人习以为常，没有人会去思考脏话的含义，顶多觉得厌恶，话不投机半句多，扭头走开了事；脾气大的恶语相向，从此绝交，反正这里有十几亿人，少个朋友算什么？但对于好奇、好模仿，而又涉世未深的孩子，那可是天大的灾难！

1. 影响语言学习：脏话是一种低层次的语言，它可以不讲语法、不需修辞，更不必讲究句法，冲口而出，而且可以涵盖多种意义。孩子们耳闻之后可以立即学会，甚至爱上它，这样就没法专心学习，提高语文的水平了。

2. 影响心理健康：脏话最突出的是拿性和生殖器来做文章，这对于孩子们的杀伤力最大，而新一代男女最喜欢在这方面发挥创意，借此来表现他的思想开放和成熟度。中国家庭现在依然处在传统道德思想的保护伞下，孩子们面对这类脏话的袭击还缺乏免疫力，所以，如何维护孩子的心理健康，是目前家长最伤脑筋的事。

其实，脏话对孩子的负面影响远不止上述两点。神经学专家指出：做过左脑半球切除手术的病人的语言能力会严重下降，但是，很多没有左脑半球的病人依然可以说脏话。这是因为大脑的右半球就可以处理整个脏话系统，这时脏话只是一个运动功能，而非语言功能。这无异于告诉我们，习惯了说脏话的孩子，左脑的发育可能迟缓，影响了他的智能成长。另一方面，物以类聚，人以群分，爱说脏话的孩子人际关系不佳，许多好朋友都会逐渐疏远他，这对他的心灵成长非常不利。

那么，爸爸妈妈如何纠正孩子说脏话的毛病呢?

1. 孩子好模仿，且缺乏是非观，他们往往从电视、电影中，从父母、同伴那儿学来许多脏话和一些不健康儿歌、顺口溜。为此，父母应该做好表率，带头说文明语言，并且要慎重选择影视节目，引导孩子玩文明、健康的游戏，如发现孩子和伙伴说脏话时，应及时指出并给予纠正。

2. 对偶尔说脏话的孩子，父母应以文明的语言把孩子所要表达的思想、感情重复说一遍，形成正确示范。如孩子经常津津乐道地重复一些脏话，父母应严肃地告诉孩子这句话不文明。爸爸、妈妈和所有的人都不喜欢听，并和孩子一起分析孩子喜欢的、尊敬的成人是怎样说话的。利用榜样的力量，可使孩子认识到说脏话不好。

3. 教给孩子正确表达气愤、激动情绪和处理矛盾的有效方法。告诉孩子和他人发生争执时可以说："你住口！""请你走开！""你不讲道理，我很不高兴。"或自己先走开等等，避免自己或对方说出脏话。

4. 对明知故犯的行为要及时惩戒。当孩子总是故意在说一些粗话脏话，并且在家长多次解释和劝告都无济于事的情况下，父母应该立即采用一些措施来制止孩子的这种行为，使孩子深刻地认识到说脏话会给自己带来的不良后果，从而达到改正的目的。

总而言之，父母要明确地让孩子知道，一个人说话要文明，说脏话的孩子不是个好孩子，要通过正面教育制止孩子的这种行为，引导孩子用文明语言表达内心感受。

培养孩子正确的是非观念

家庭道德教育没有什么成熟的理论，也没有可依恃的范本，它需要父母在日常生活的一点一滴中向孩子灌输是非善恶的观念，培养他优良的道德品质。

品德是一个人立足社会的通行证。一个讲道德的人，人们愿意与他交往，这意味着他有更多的资源和机会，更容易成功。

品德是一个人素质的核心部分，一个成功的人，大多是一个具有较高素养、品德高尚的人。一个品德低劣的人，本事越大，对社会的危害就越大，个人吃亏也就越多。

一个道德高尚的人，意味着他的人生有了追求和动力，他的生命处于更高的境界，他的人生才会更精彩。因此，教育孩子做一个有德性的人，是父母最重要的责任。

然而，有些父母在这方面做的并不合格。

张先生经常对儿子大海说的一句口头禅是："顾好自个儿，别的啥都别管。"

有一次，大海在学校里跟同学打架，挨了老师的批评，张先生怒不可遏地冲到学校，打了大海的同学不说，还把老师大骂一顿，最后又与被打同学的父母扭打在一起。自此以后，大海在学校里越来越横行霸道、无人敢惹，得了个“小霸王”的称号，而张先生也被冠以“霸王爹”的

"美誉"。

还有一次，父子俩在电视里看到一位热心人把一个被车撞倒在路边的老汉送到医院，最后却遭老汉家人诬陷的故事，张先生郑重地教育大海："看到没有，好事不能做。"

可以预见，在张先生的言传身教之下，大海长大后会成为一个什么样的人。张先生这种缺乏正确是非观念的教子方式是错误的，但是，父母自身拥有正确是非观念就能教出好孩子吗？那也未必，还要看父母以什么方式教育孩子。

1. 言传身教

子女可以从父母的模范行为中受到潜移默化的影响，吸取很多有益的营养。爸爸、妈妈毫无疑问地承担着培养孩子道德意识的责任。所有的育儿理论已经说了无数遍：父母实施教育最有效的做法，就是自己给孩子做个表率。举个例子，如果某父母当着邻居的面大大地夸奖对方的孩子，而回到家关上门就说"这个小孩简直就是傻瓜一个"的时候，你还怎么能够让孩子成为一个品德良好的人呢。

在郑州曾经发生过这样一件事，一个 15 岁的孩子在郑州机场带着两个陪舞小姐，后被警方带走盘问，原来这孩子的父母从事电脑贸易，家境富裕，但很少过问孩子的学习和生活，孩子就带着 15 万元现金，周游各地，并叫上这两个小姐。当孩子的母亲到公安局领人时，对孩子没有任何批评，对警方也没有一句感谢的话。可想而知，这样的父母会养出一个怎样的孩子。

2. 进行爱国教育

父母还必须重视的一点是，爱国教育是孩子道德培养的重要组成部分。

在美国，几乎是没有在特定的场合进行和接受爱国主义教育的情况发生的。学校更没有专门开设的爱国课，美国对学生进行的爱国教育，是在潜移默化中进行的。每天清晨，第一堂上课铃一响，进行的第一项内容，即是学生们虔诚地把手放在胸前，庄严地大声宣誓："我向美国的国旗和共和国宣誓，在上帝之下，确保领土完整，为万民谋福利的自由正义之国，誓以忠诚……"美国人甚至在最喜爱的各种大大小小的体育运动开赛前，第一件事便是全体起立，高唱国歌。在那隆重热烈的场合，成千上万、各种肤色的美国人注视着冉冉升起的星条旗，高唱国歌。置身于其间不能不被美国人的爱国热情所感动。正是在这种潜移默化之下，实现了对学生的教育。

3. 引导孩子正确地评价自己和别人

孩子对各种道德现象的认识是很浅薄的，对人的道德评价往往以成人的评价为依据，所以父母对周围现象和行为的评价，要分清是非，善恶分明，给孩子留下爱憎分明的烙印。对于自己或他人的行为，先引导孩子去分析和评价，然后再对孩子的评价给以补充和纠正。比如在公园里看到有的孩子摘花，拿零食喂动物，就问："你看，他这样做对吗？"孩子会说："不对。"可以接着问："那为什么他这样做是不对的呢？"以此来引导孩子用他所掌握的道德观念来进行分析。渐渐地，孩子就能独立地进行正确的评价。有了正确的评价就不难做出正确的举动了。

4. 丰富孩子的道德情感

父母可以利用影视作品、书籍中良好的道德形象，引起孩子情感上的共鸣，应该经常运用孩子周围生活中具体的事情来感染孩子。

5. 注重训练孩子的道德行为

孩子的情感非常不稳定，容易冲动，自制力和坚持性差，所以孩子的道德认识常常和道德行为脱节。针对这种状况，父母要加强对孩子具体道德行为的指导和督促。父母对孩子做出的正确行为要不断赞美、强化，充

分、及时地肯定和鼓励孩子的正确做法。看到孩子主动把玩具让给别人玩，就表示很赞同，并说："你做得很好，真是个好孩子！"看到别人在大街上随地吐痰，可以厌恶地对孩子说："真不讲文明！"父母这种鲜明的是非观，会给孩子留下深刻的印象。孩子以后遇到类似事情也会给出相同的评价，从而产生正确的价值观。

6. 要注意尺度的把握

父母在对是非善恶的把握上不能过分苛刻，要允许孩子犯错误，不能抹杀孩子天性中求知活力的一面，因为好孩子不是呆孩子。

最后提醒各位家长，在对孩子的"是非观"进行培养时，最忌父母双方思想不统一，这样会造成孩子观念的混淆。爸爸妈妈时时处处要有一个正确的判断是非的观念，让孩子在大人的教育中掌握正确的判断事物好坏的标准，让孩子在是非和道德观念上快速成熟起来。

第七讲
从家庭沟通开始，让孩子喜欢上说话

语言是社会交际中最基本的交流工具，优秀的沟通和口头表达能力有时甚至比大学文凭和书本知识更加重要。一个会说话的人，往往会快速地赢得别人的高度评价，这种评价甚至会超出他们本身具备的才华。然而，并不是每个孩子都是天生的演说家，因此，父母需要培养孩子开口说话的能力，帮助孩子融入群体，帮助孩子学会打开通往外部世界的大门！

孩子的语言能力要从小培养

能够在别人面前把想法表达清楚，是一种十分重要的能力。流畅的语言表达能力可以准确地把自己的想法或情感传递给别人，让别人了解、理解你。良好的口才对于孩子将来的发展非常重要，所以，早一点着手培养孩子说话方面的习惯，绝不是可有可无的事情。

章显是个特别听父母话的孩子，可是，有一点，他就是不爱多说话。平时，做完作业，他就喜欢读书或者看电视，很少同父母一起交流、谈心。章显的爸爸妈妈平时也是大忙人，不是很重视孩子这方面的表现。

一天，章显和爸爸妈妈一起看电视。爸爸和妈妈在讨论哪一个人物形象更好一些，在一旁坐着的章显却一言不发。

妈妈觉得每一个孩了看到动画人物可爱的样子，都会情不自禁地说上几句的，爸爸也意识到儿子实在是太沉默了，家里几乎听不到他的声音，于是问道："儿子，你喜欢哪一个呢？"

章显见爸爸问自己，想也没想就回答说："都差不多。"

妈妈接着说："我喜欢小熊猫。你觉得怎么样呢？"

章显说："嗯，可以。"

爸爸和妈妈相视了一下，妈妈又对他说："显显，你已经是大孩子了，对任何事物都该有一个自己的喜好评价呀？每个人都是有头脑和思想的。你有什么想法，以后要跟爸爸妈妈说出来才行。"

后来从章显的老师、同学那里了解到，章显碰到说话、发言的事情就往后躲，上课回答老师问题从不举手，偶尔被老师提问到，他会满脸通红、吭哧吭哧地说不出话来。

父母不能简单地把孩子不爱说话归结为性格因素，认为是不可改变的，实际上越是早一点从习惯入手重视这个问题，越容易“撬开”孩子的嘴巴，让他变得爱说话。

当然，孩子爱说话还不够，还必须会说话，所谓会说话就是说出的话能清晰地表达自己的意思，说话有条理，而且能抓住重点。说话的一方要表达清楚，以便听的一方能马上理解，没有偏差，没有误会。许多孩子很能说，在家里，只要给他机会，就可以不停地说下去，但大多都不着边际，有很多时候话讲完了，听的人却一头雾水，不知道孩子到底表达了什么。有很多孩子，在父母面前能说会道，但如果来了生人，便吓得不敢出声。有些孩子在私底下说得头头是道，但真正让他上了正规场合却扭扭捏捏，说话结结巴巴，这些都不利于孩子今后独立地走入社会，做父母的应该从小引导孩子会说话，有勇气有信心说话。

许多孩子在说话方面存在障碍。前人说：“一言可以兴邦”，“三寸之舌，强于百万之师”。具备良好口才的孩子能与周围的人们很好沟通，与周围的同学朋友友好相处，能在某些场合很大方地推介自己。现代社会是一个充满竞争的社会，没有竞争意识的人是很难适应社会生活的。

父母要学会倾听，满足孩子说话的欲望。一般情况下，孩子回到家里见到父母通常会把发生在自己身边有趣、稀奇的事情说给他们听。这时父母应认真倾听孩子的讲述，并要用一些神态、身体语言让孩子感觉到正听得很投入。如果父母正忙着没时间听，要态度温和地跟孩子商量：“你看，妈妈正忙着呢！等会儿我坐下来仔细听，好吗？”因为孩子在讲话前总是一腔热情，这样一说，孩子就不会感觉很失望。

父母还要学会引导、激发孩子说话的欲望。那些性格内向的孩子常常喜欢独自一个人玩，默默地做事，父母对待这样的孩子要千方百计地引导他说话，把他说的欲望给激发出来。问孩子一些问题，尽量避免问那些只需要孩子点头说“是”或摇头说“不是”，“有”或“没有”这一类问题。可以问他一些学校里的情况，比如“老师是怎样夸奖你的？”“班里和你最要好的同学都有谁？”

父母要学会指导、帮助孩子说正确的话。孩子说话时可能会出现用词不当、前言不搭后语等现象。父母在听的过程中，要随时帮助选用正确的词汇，要求孩子有准备地搭配语言，让孩子把话讲完整，教孩子把想讲的话联系起来思考后再讲出来。长期下来，孩子语言的准确性就会不断提高。

父母要注意提高孩子的思辨能力。由于孩子的知识面较窄，接触外界的机会相对要少，辨别能力比较低，所以，他们说的话常会与客观事实不符。父母在听的过程中，应注意把握孩子的说话内容，并做出肯定，给予正确的判断。在父母与孩子共同的评析过程中，孩子思想的准确性、深刻性会变得更好。

孩子爱不爱说话，还跟环境有关，家里人多说，孩子的语言能力也强。思辨能力跟口才有着必然联系，思辨能力强，口才就好。思辨能力的培养，需要一个积累的过程，让孩子多看一些科普书，看电视新闻，了解世界，了解社会，平时多跟孩子交流、讨论一下人和事，多参加社会活动。在家庭中不管讨论任何问题都让孩子发表意见，也可以锻炼孩子的口才。多看书，看多了，理解多了，学习书中优美语言的用法，逻辑思维自然有条理了，孩子也就会引经据典，更有说服力，语言表达能力也就提高了。常带着孩子出去走动走动，多见见人，多与他人交流。只要有机会就与孩子说话，有意识地反问、提问。让孩子在聚会时发表自己的意见，全家人一起演讲，大家相互提意见，哪怕孩子说得不好，也要鼓励他。总之，父母要多给孩子提供训练说话和锻炼口才的机会与环境。

请给予孩子一个发言的机会

生活中，许多父母对孩子讲话时总是用训斥的口气，要求孩子做事情时则用命令的方式，但在孩子想说话时，父母不是粗暴地打断，就是不理不睬。这是很糟糕的情况，孩子虽小，但也有自己的想法和主张，因此父母应该改变自己的专制作风，孩子需要的是可以平等进行语言交往的伙伴。

在中国的许多家庭里，有个很奇怪的现象。一方面，父母对孩子很娇惯，对孩子的物质要求有求必应；另一方面，父母却从不把孩子当作一个有思想、有主见的人，也不考虑对孩子的做法是否恰当，孩子可能会有什么想法。因为他们是父母，似乎一切做法就都是应该的、合理的。

这样在孩子身上会产生一种什么样的后果呢?

有一个孩子叫果果，他已经是小学五年级的学生，马上就要升中学了。可是，他却不善于语言表达，在众人面前，一说话就脸红。

孩子为什么会这么忸怩呢?

原来果果的父母有一套教育、管理孩子的办法。

有客人来果果家做客，果果的父母要求孩子要有礼貌，要懂事，大人们说话时，小孩子不许乱插嘴，最好是到别的地方去玩，让大人们清静地说话。

即使是只有一家三口的时候，果果的话也时常被打断。比如，当孩子兴高采烈地说着什么时，父母却要不时地打断孩子，纠正他的发音、用词，或者批评他的某个想法等，令孩子兴味全无。

即使是成人，当自己的发言屡遭别人打断或反驳时，也会兴致大减，缄口不言。因此，这种做法必然会影响孩子个性和能力的发展。

多数孩子逐渐变得不愿独立思考、自主行事。这很自然，既然动脑子出主意受到批评指责，又何必自讨苦吃呢？

可是，正如例子中所说的，父母不时地打断孩子的讲话，甚至阻止孩子讲话，不给孩子发言的机会，不把孩子当成有思想的人，也就不会用心去体会孩子的思想，去了解孩子内心的想法，而他们还会认为自己是尽到了他们管教子女的责任。

于是到后来，这样的父母往往会抱怨说："这孩子怎么不像别人家的小孩那么灵？"

"这孩子怎么反应这么迟钝啊！"

"这孩子真倔，什么都自己做主，从不听大人的意见。"

"他一点儿主见也没有，到底该怎么办，他自己竟然不知道。"

这能怪谁呢？这是自食其果。

父母打断孩子的话，或阻止孩子讲话，使孩子的思想表达不出来，使孩子的意见不能发表出来，这样父母不能了解孩子，给予孩子恰当的指导，对孩子成长极为不利。一些孩子变得不善口头表达，变得没有主见、怯懦、退缩；而另外一些孩子却变得独断、盲动，听不进别人的意见。

另外还有一种情况就是，孩子在受到批评、指责时，他们的解释和辩解常常被这样的话打断："你不要辩解了，这没用"，"你还敢嘴硬"，"你又开始撒谎"。

这些话几乎在很多家庭和学校都可以听到。人们习以为常，不再奇怪。但是有没有父母想过，孩子在受到批评和责骂时，他为什么不能辩解呢?

在这种情况下，孩子一般会本能地产生委屈的感觉，进而伤心、怨恨。他会把这种委屈发泄到其他的对象上，或者去想各种好玩的事情来摆脱这种情绪。这往往就是导致孩子淘气的原因。

教育专家认为，孩子要对某件事进行辩解，而时机又不合适，明智的父母应该这样说："对不起，现在我很忙，但我一定会听你的解释，等我有时间咱们再慢慢谈，好吗？"想想吧，这对孩子来说无疑是大旱甘霖，他不但不委屈、怨恨，反而信心大增，并会想自己是不是有什么地方的确做得不妥。

从现实的方面讲，难道有哪位父母真的希望孩子长大以后遇到类似的情况而不辩解吗？不，那时他的母亲一定会气愤地说："你为什么不辩解?！你是哑巴吗？"

孩子的这种权利受到尊重，一般会增强他的自信心和荣誉感，他反而会注意别人的权利是否也被自己尊重，从而自治能力增强。

因此，父母应当把孩子当成是一个有思想的独立个体，给孩子对等的地位，尊重孩子说话的权利。教育学家认为，只有平等的、民主的家庭才能培养出具有独立意识、乐观积极的孩子，而专制的家庭只能管教出唯唯诺诺的庸才。

有一个孩子内向、胆怯，他的父母很头疼。后来心理医生建议这对父母在与孩子沟通时，运用对等的手段，就是说把孩子当成与自己地位平等的人一样来尊重，鼓励孩子说话。这对父母半信半疑地试了一段时间后，惊喜地发现孩子的话多了起来，老师也告诉他们，孩子在学校里也比较敢于表达自己的意见了。

这就是一次对等交流的成功运用，当父母的应真正地给予孩子平等的地位，不打断孩子的讲话，给孩子发言的机会，把孩子当成有思想的人，用心体会孩子的思想，了解孩子内心的想法，这才是真正尽到了教育子女的责任。

开明的父母应该给孩子对等的地位，鼓励孩子发言，锻炼孩子的语言表达能力，让亲子之间顺畅沟通。

不要随意打断孩子的诉说

一些父母在听孩子说话时总是不够耐心，有的甚至不愿意听孩子讲话，总是打断孩子的倾诉。他们可能觉得这样做没什么，然而这样做给亲子关系带来的副作用是难以估量的，孩子也会因此而不愿与父母沟通，有的孩子甚至会变得抑郁内向。

在一期家庭互动电视节目上，主持人把一位可爱的小朋友请上台，问他："你长大后想要当什么呀？"小朋友认真地回答："我要当飞机的驾驶员！"主持人接着问："如果有一天，你的飞机飞到大西洋上空，这时飞机的燃油用完了，你会怎么样办？"小朋友想了想说："我会让坐在飞机上的人系好安全带，然后我挂上我的降落伞跳出去。"

这答案使现场的观众笑得东倒西歪，主持人继续注视着这个孩子，想看他是不是自作聪明的家伙。

观众的大笑使孩子噘起了小嘴，眼睛里也有了泪水，这才使得主持人发觉这孩子似乎有无限的委屈。于是主持人问他说：“为什么要这么做？”小孩的答案透露出一个孩子真挚的想法：“我要去拿燃料，我还要回来！我一定要回来！”

这是一个关于倾听的经典故事，如果主持人没有耐心地听小家伙把话说完，他又怎么能体会到孩子的真挚和善良呢？如果主持人打断孩子的话，并说：“好了，好了，你这个小家伙！把乘客留在飞机上，自己先逃跑真是个‘了不起’的主意啊！？”那么，孩子会觉得多么委屈啊！很多父母都是这样，在孩子还没有来得及讲完自己的事情前，就按照大人的经验妄加评论和指教，结果曲解了孩子的意思。

如果父母总是随意打断孩子的诉说，不给孩子倾诉的机会，这样下去，父母也就听不到孩子内心的想法，听不到孩子的心声。了解不到孩子的所思所想，孩子出现了什么问题，父母也不会知道，问题也就不会得到及时的解决，孩子的心理必然受到严重的消极影响。

然而，现在耐心地听孩子讲话的大人越来越少了。一些孩子的父母不是面对孩子主动说话，而是只顾看着报纸或电视随声附和地聊上几句，很少看到父母面对面地耐心地听孩子说话的情景。

但是，生活中，我们又常常听到父母叹息说：“孩子大了，有什么话也不跟我说，我说什么孩子也不愿意听。”孩子也抱怨说：“父母什么事也不给我们讲明白。”“父母光说自己想说的话，可我想说的话，父母都不听。”这种父子或母子之间难以沟通的现象常常为父母、也为孩子所困惑。

倾听是了解孩子最有效的途径，父母只有耐心地倾听孩子的诉说，才能了解孩子的内心世界，在此基础上才能创造更多与孩子交流的机会。

首先，父母要用心听，但不急于判断。这是运用倾听方式必须注意的一点，然而父母却总对孩子的倾诉缺少耐心，急于判断谁对谁错。但只判断而不用心倾听，会切断许多心灵沟通的途径。

假如一个孩子放学后很晚才回家，孩子刚要解释，心焦的父母便开口喝道：“我不要听出了什么事！”这种反应破坏了双方的沟通气氛，更严重的是令孩子的自尊心受到打击。正确的做法是告诉他你们如何为他操心：“我们又担心又害怕。”然后让他说明一切，也许孩子有可以谅解的理由呢？

其次，对孩子的倾诉多一点耐心。我们都渴望有人听自己说话，在大多数情形下，人与人沟通不利，就是因为只有人说话而没有人听。如果父母们能对孩子的倾诉多一点耐心，不急于打断孩子的话，那么孩子遇到事情时就会乐于向父母倾诉，与父母建立良好的沟通。

大人说话，孩子可以插嘴

日常生活中，父母在说话时，如果孩子插嘴，父母便会制止：“大人说话，小孩别插嘴。”父母们觉得这样的话语并没有什么不妥，自己是大人，孩子是小孩，孩子“乱”讲话就是没礼貌。事实上，父母的这种想法太过于专制了。

大人与孩子的世界虽然不同，但应该是平等的。孩子对大人世界的事情发表见解是他们独立意志的表现和发展的需要，即使评断不明、不正确，也是值得称赞的。

张玮和邻居家的姐姐相处得挺好的，张玮是人小鬼大，虽说刚上初二，知道的东西还真不少，邻居家姐姐许多感情上的烦恼都可以和这个小男孩交流。姐姐常问张玮：“你这些感情方面的知识都是从哪里学来的？”

张玮总是笑笑说道：“呵呵，都是电视上面看来的呗，我可是天生有这方面的才能。”

说完，两人便大笑起来。

最近姐姐和男朋友闹了一点别扭，两人正在冷战中。这天，妈妈和姐姐还有邻居家的阿姨正在说这件事：“你应该原谅他的，男孩嘛，总是有点粗心的。”

姐姐说道：“哼！饶了他这回，那下次更上脸了……”几个人正聊得起劲，张玮也连忙把头凑了过来，搭茬道：“哎呀，姐姐你应该原谅他这一次，就会显得你宽宏大量……”

妈妈看到张玮居然打断了大人的谈话，立刻喝道：“你在这里干嘛？大人说话，小孩别插嘴。你懂什么！回家写作业去！”

张玮小声地嘀咕：“谁说我不懂的。”妈妈狠狠地瞪了张玮一眼，他只好灰溜溜地跑开了。

如果大人们把大人的世界和孩子的世界划分得太清楚了，不把自己的孩子当成一个和自己平等的人来对待，不给予他们应有的尊重，那么孩子就不会把信任给予大人，有事不会和大人说，把所有的心事都放在心里。

所以，父母要正确面对孩子这种对成人世界的新奇，给孩子提供机会让他参与到一些“大人们的事情”的讨论中，培养孩子分析问题和解决问题的能力。

父母要注意，孩子有自己的发言权利，应该尊重孩子的表达需要，让他自由发表个人的意见，而不要扼杀他们的天性。

积极为孩子创造条件和机会，让孩子尽快尽早地了解成人的世界，了解真实的社会。如果大人的谈话确实不便孩子在场。可适当地安排孩子去做一些别的事，转移孩子的视线，而不要呵斥着打断孩子的话语，说“大人说话，孩子别插嘴”这类的话语，这会在无形中伤到孩子的自尊心。

允许孩子争辩，提高孩子的辩才

父母在教育孩子时，往往会遇到孩子回嘴、反驳、顶撞等。面对这种争辩，做父母的该如何处理呢？明智的做法是给孩子争辩的权利，认真地听取争辩。这样做，主要的好处有两个：其一，从孩子的争辩中，做父母的可以了解到其发生某种错误行为的背景、条件以及心理动机等，有针对性地进行有成效的教育；其二，让孩子争辩，也就为做父母的树了一面镜子，父母通过听取子女的争辩检验自己的教育方法是否得当，说的是否在理，发现不妥之处可以及时地调整。

孩子争辩时，常常是他们最得意时。这时也是孩子最来劲儿、最兴奋、最认真的时候，对他们的大脑发育是有好处的。同时，这样还可以营造家庭的民主空气，增强孩子各方面的能力。研究发现，这样的孩子具有很强的交际能力与其他方面的能力，对将来的发展是大有好处的。

因此，父母应该树立一种观念，允许孩子争辩，这不是什么丢面子的事。有些父母认为，假如允许孩子争辩，孩子就会不听话，不尊重自己，让自己为难，这种想法是极为不正确的。允许孩子争辩，对两代人都有好处，因此，父母要善于研究学习，让争辩发挥更大、更好的作用。

当然，允许孩子争辩是应遵守规则的，换言之，就是不允许他们胡搅蛮缠，随心所欲，而是在讲道理的基础上进行争辩的。假如孩子违反了争辩的规则，父母自然应该予以制止。值得提醒的是，父母是规则的制定者，因此，在制定规则时要从实际出发，合乎孩子的情况，合乎一般的道理，否则，这种规则就是不平等的。

很多父母的实践说明，教育孩子时，允许孩子争辩，孩子常常会讲出一通令父母受益的道理来。

给孩子争辩的权利，这对很多做父母的来说并非轻易就能做到的，他们在教育孩子的时候，往往是只能我说你听，哪能容孩子争辩。因此，给孩子争辩的权利，需要做父母的克服自以为是，唯我是从，只准说是，不准说不的单向说教的思维定势，换上尊重孩子，鼓励争辩，勇于自以为非，善于双向交流的思维方式；改变轻则呵斥，重则棍棒的粗暴行为，养成重科学，讲民主，以理服人的良好规范。

心理学家经过科学调查得出了这样的结论：能够同父母进行真正争辩的孩子，在今后的日常生活中，会比较自信、富有创造力、合群。

因此，父母应该为孩子的争辩创造一种宽松、平等的氛围。在争辩的过程中，父母应循循善诱、以理服人，不要以为孩子与父母争辩是对父辈的不敬。

如何提高孩子的争辩能力呢?

1. 刺激孩子智力的发展。孩子勇于与父母争辩的直接原因是他们语言能力的进步与参与意识的觉醒。在争辩的时候，孩子必须根据自己对环境的观察分析，选择、运用学到的词汇与表达的方式，试图有条理地表达自己的欲望，挑战父母。这无疑有利于刺激孩子语言能力的发展。

2. 帮助孩子形成意志。争辩能帮助孩子变得自信与独立。在对抗中的孩子感觉到自己受到重视，知道怎样才能贯彻自己的意志。孩子与父母争辩后注意到，“父母并非总是正确的”。辩论的“胜利”，无疑使孩子获得一种快感与成就感，既让孩子有了估量自己能力的机会，也锻炼了他们的意志力。

鼓励孩子敢于提出自己心中的问题

很多孩子有问题不爱问老师，到底是什么原因呢？父母对此必须弄清楚。有的孩子是“怕”老师；不回答问题是“怕”回答错了被同学嘲笑或老师批评，或者曾经遭受过这方面的挫折。久而久之，形成一种“恐问症”或“恐答症”。原因归根结底在于好面子和自卑感强，为了不丢暂时的面子，宁可让问题堆积起来。消除这一症结的方法就靠培养自信心，所以，父母应该鼓励孩子提问，大胆走出第一步。此外还可以找一位孩子自己认为最亲近的老师提出一些问题请教，慢慢锻炼胆量，再过渡到问其他老师，习惯成自然。

壮壮自上初中以来，其他方面都蛮好，就是在学习上遇到问题时总不爱问老师，上课也不积极回答问题，偶尔被叫起来回答问题，也是支支吾吾，前言不搭后语的。不知道为什么，壮壮就是有点“恐师症”，一看到老师就不自觉地紧张起来，别说主动向老师提问了，就是老师走过他的身边，壮壮也有点不自然。

尽管壮壮也知道积极向老师提问才是提高学习成绩的好办法，可他就是鼓不起勇气向老师提问，渐渐地学习成绩也下降了，妈妈对此很着急，但是也不知道到底是什么原因。

这天，壮壮在写作业时遇到了一道难题，他希望妈妈能够帮忙解答，可是这道题妈妈也不会做，妈妈便向壮壮提议道：“那你留着，明天到学校问老师吧。”

壮壮赶忙摇头，说道：“问老师？我可不敢。”

妈妈没有表现出过度惊讶的样子，而是平和地询问道：“为什么会害怕向老师提问呢？学问，学问，要学要问呀。”

壮壮低语：“我也不知道，就是不太喜欢问老师。”

妈妈轻抚孩子的头，说道：“老师是你的朋友，学习上有不懂的地方应该大胆提问。而且，敢于提问的人才是勇敢者。相信妈妈，嗯？你一定能办得到的。老师也一定非常乐意回答你的问题。”

壮壮点点头。心里面下决心明天一定要鼓足勇气向“朋友”发问。

当孩子成绩下降了，父母不要讽刺、打击、挖苦。不要说：“你学习这么差，就怪你不爱问老师。”而应以正面教育为主，引导孩子谈谈班上学习成绩好的同学，平时在学习上的表现，鼓励孩子向优秀生学习，但是应注意尽量避免总拿孩子的不足与别人的长处比，以免引起孩子心理上的抵触和自卑感，应充分挖掘孩子自身的优点，引导孩子自己和自己相比，扬长补短。

父母还要与老师加强联系，创设问答的便利条件。父母可以请求老师为孩子提问创造条件和机会，如请老师平时多提问孩子，多提简单一点的问题，或请老师在课下辅导时多接触一下孩子，慢慢拉近师生之间的心理距离，在这个过程中，增加师生间的亲切感，缓和、减轻学生的紧张感。

首先，耐心教育、帮助孩子树立“不耻下问”的精神。要让孩子明确“学问、学问，要学要问；不学不问，不成学问；只学不问，也难成学问。”从而形成孩子不断寻求问题、分析问题、解决问题的内在动力。

其次，教给孩子正确的提问技巧。引导孩子学会寻找问题，分析问题的症结在哪里，有疑而问；和孩子探讨怎样提问才能使老师明白你所提的问题，尽量做到表达清晰准确，口齿清楚；还要教育孩子提问时要注意礼节，懂礼貌；一时不懂的问题，不要灰心、着急，回去思考之后再问老师等等。

循循善诱，让孩子学会打招呼

对于孩子的礼貌问题，父母有时对孩子要求的过于苛刻。有时候孩子不主动与人打招呼，并不是故意为之，更不是缺乏礼貌。有些性格内向的孩子常常因为怕生而不敢与人打招呼；还有些孩子则可能因为不知怎样称呼对方，怕说错话而不敢与人打招呼；还有些孩子不习惯用语言打招呼，而乐于使用动作表情，比如以向对方微笑来表示友好。所以，对于孩子见面不叫人的行为，父母切忌统统将其归于“没有礼貌”。

图图是个害羞的孩子，从小就比较怕生，见了亲戚长辈，也不知道主动打招呼，每次都是妈妈提醒了，他才会怯生生地叫人。

周末，图图和妈妈一起去姥姥家，一路上妈妈不停地嘱咐：“到了姥姥家，一定要主动叫人呀！”图图听话地点点头。

到了姥姥家，图图怯生生地主动向姥姥问了好。可那天正好有个隔壁邻居的老大妈来姥姥家串门，小家伙看到一个陌生的老太太也不知道应该称呼什么好，所以，就望着老大妈不说话。妈妈见图图呆呆的样子，自然觉得面子上过不去，就连忙催促孩子说：“快，快叫奶奶！你这孩子一点礼貌都不懂！”

图图听到妈妈这样说话，霎时眼圈就红了，心里想着，我不认识这个老奶奶，不知道应该怎么称呼，怎么说我没有礼貌呢？

其实，有时对于孩子的礼貌问题，父母对孩子的要求过于苛刻，有时孩子不主动与人打招呼，并不是故意为之，更不是缺乏礼貌，而是有一定原因的。

1. 先天因素

爱不爱打招呼，是天生的，也是受父母后天影响。心理学研究发现，人的性格既有先天遗传，也有后天的环境作用，两者难说孰轻孰重。但对于幼小的孩子来说，也许先天的成分更多一些。天生较不怕生的孩子，通常能顺着大人的要求，腼腆地轻声说“阿姨好”，但天生个性较为内向、敏感的，对陌生人心生戒备，要他对一个见都没见过的陌生人表示友好和开放，往往内心要经历一番痛苦的挣扎。

孩子不爱打招呼，也许你该反思一下，是不是遗传你们夫妻俩的？你们任何一个人小时候，是不是也很害怕和陌生人打招呼？也许孩子不爱打招呼，真不能全怪罪孩子。

2. 自尊心作祟

2 岁左右，宝宝的自我意识和自尊心开始萌芽，3 岁时一些孩子就显示出自己的主见，因此在被父母要求着向他人问候时，自尊心强的孩子会感到很没面子、产生逆反情绪，以沉默表示抗议。

3. 不懂得打招呼是礼貌行为

家长没有培养孩子的礼貌意识。强化孩子打招呼的行为。在这种情况下，孩子不知道跟别人打招呼是很正常的。

4. 不懂得该怎么跟别人打招呼

这样的情况很常见，在生活中，因为家长并没有意识到教孩子打招呼的重要性，所以没有教孩子如何打招呼，打招呼时该说什么，以至于孩子遇到这种需要打招呼的情况不知道该怎么做。

5. 没掌握打招呼的技巧

如果需要打招呼的不只是一两个人，孩子有可能一时不知道该如何应对；或者认为挨个问好很累，而这个行为是为父母做的，不是自己情愿的，索性就全免了。这说明孩子还没掌握同时和多个人打招呼的技巧，也不懂得见了人要打招呼是礼貌行为。

6. 习惯问题

有些孩子不习惯用语言打招呼，而乐于使用动作表情，比如以向对方微笑来表示友好。

从上面的原因中我们可以看出，孩子不爱打招呼，很多情况下并不是因为孩子无礼傲慢，所以，对于孩子见面不叫人的行为，父母切忌统统将其归于“没有礼貌”。

如果孩子不打招呼就责怪他，试问爸爸妈妈们，你想过孩子的感受吗？

很多父母在自己做了要求而孩子没有按照要求与人打招呼时，自觉脸上挂不住，于是当着外人的面责骂孩子，什么“你可真不懂礼貌，白喂你那么多米饭了！”、“真是个混蛋玩意，连说个话都不敢，长大能有什么出息！”一类的话，像连珠炮一般脱口而出。

“每一回听见大人这样说孩子，我总觉得好不忍心。曾经是小孩，现在又和幼儿打交道，深深了解被大人说‘没礼貌’的感觉，是一种羞愧，也是一种挫败。羞愧的是自己不好，嘴巴不甜；挫败的是自己做不好，让成人失望。而这种种的感觉，都得同时在大庭广众、众目睽睽之下，被揪出来。”一位台湾的教育博士如是说。

孩子不打招呼，就骂孩子，这绝不是合格的家长应该做的事。或许这其中的重要关键就是，我们不觉得小孩子有自尊心。我们觉得他们那小小的身躯里，没有太多感觉，没有太多自尊。此外，我们觉得自己的话就是一种教导，孩子就是要听！更或许，在儿时，我们的自尊心也被缺乏教育理念的父母漠视了，所以现在我们长大了，也有权利忽略孩子的自尊心？我们看不见幼小的孩子处于巨人丛中时对陌生人的畏怯，也看不见他们受到责骂时所产生的罪恶感——连他们心爱的亲人也觉得他不够好，在别的大人面前数落他，他会觉得自己真的不够好。

是的，在众目睽睽之下数落孩子，教孩子该怎么做，责任是尽到了，别人也会说这个家长不姑息孩子。在众目睽睽之下给孩子直贴标签（没礼貌、不听话……），震慑孩子的目的达成了，好像离把孩子教育成好孩子的目标也越来越近。但是，以羞辱为手段教养孩子，这真的没有问题吗？

事实上，让孩子学会与人打招呼，最重要、最关键的是尊重，最有效的办法是示范和引导。

对于孩子不爱与人打招呼这件事，父母要针对具体原因，对症下药，帮助孩子提高人际交往能力。

1. 爸爸妈妈首先要意识到，我们要做的不是在他没打招呼时定义他，更多的应该是示范，爸爸妈妈要切记一点的是言教不抵身教，可以示范给孩子看自己对待朋友的方式，直观的学习和模仿对于习惯的养成很重要。另外还可以预告打招呼的方式可以有多种，并不一定要叫人，可以点头、招手、微笑等。当孩子有进步的时候，及时地给予肯定。家长要做到关注但不勉强，指导但不干涉。更不要给孩子贴上“不懂礼貌”的标签。

2. 爸爸妈妈应该有意识地为孩子提供与生人接触的机会，例如，当有客人来时，父母应让孩子与客人接触，使孩子对客人产生亲切感，一段时间下来，孩子就会主动与客人交流了。又比如，多带胆小怕生的孩子参加社交活动，培养他们的胆识和勇敢精神，使之逐渐适应社交场

合。对见到陌生人不知如何叫人的孩子，父母应该适时提醒孩子，并且教给孩子几个“万无一失”的称呼，以便孩子遇到不知如何称呼别人时使用。

3. 多尊重引导孩子。

当孩子不愿招呼人时，不要说“这孩子不懂礼貌”，这样会伤害孩子的自尊心，激起孩子的逆反心理，造成尴尬的局面，而应该慢慢引导，因为孩子需要较多的尝试和时间来适应新的事物、新的环境。

总之，对于“不爱打招呼”这个问题，爸爸妈妈不能把所有责任推卸给孩子。孩子出现这个问题与家长的教育有密切的关系。因此家长所要做的就是用自己的行动来影响孩子，用正确的方法引导教育孩子，让孩子从小在父母的正确教育下健康快乐地成长。

告诉孩子不该说的话不要说

对于很多家长来讲，“童言无忌”是他们认为再对不过的话，认为不管孩子说什么大人都不该往心里去，更不要过多地去要求孩子。如果家长总是以这种认识和态度来教育孩子的话，那么最终会使孩子认为不管自己做什么事情、说什么话都是对的，因此可能会说出很不切合场合的话。虽然自己的孩子说什么自己不会生气，难免别人听了不会气愤。

或许有些家长会问，对于孩子来讲，什么话是不该说的，什么话是该说的，其实这很简单，就像大人一样，大人在不同的场合面对不同的人，会选择说不同的话，会注意自己讲出来的话的内容。如果不懂得说话的技巧，那么大人们就很难实现自己的目的，也会被别人认为是不懂得交际的人。而对于孩子来讲也是如此，如果孩子说话丝毫不考虑自己所处的场合，也不考虑自己讲出来的话是不是别人喜欢的，那么最终会影响到孩子交际能力的形成，也会影响到孩子以后的发展。

其实，孩子在很多时候是不知道哪些话不该说，而哪些话是应该说的。这就需要父母教会孩子从小注意自己的言语，这也是交际能力的体现。要培养孩子的交际能力，就要让孩子知道自己所想的是什么，自己所说的是什么，在孩子小的时候就应该有意识地去培养，不要让孩子认为自己什么话都可以说。而要培养孩子这种说话的能力，爸爸妈妈不妨通过讲故事的方式来告诉孩子说话是有技巧的。

这段时间陈海飞感觉真的有点烦恼，因为自己的儿子宽宽说话不知道轻重，而且越说越狠。尤其是对着不喜欢的东西，或者是暂时不想要的东西，他会丢掉，并且在发脾气的时候，还会说脏字，甚至是将刚刚给他买的玩具丢掉，这让陈海飞很是烦恼。

一次，陈海飞带着自己的儿子去逛街，中途遇到了一个同事。同事也是带着自己儿子出来的。陈海飞就停下了脚步，然后跟同事聊起了天，而两个小孩也在旁边玩了起来。开始的时候，两个小孩玩得还很好，但是突然听到同事的儿子大哭了起来。陈海飞知道肯定是自己的儿子闯祸了。同事急忙走过去，看了看自己的儿子没有任何受伤的地方，连说没事的，可能是自己的儿子想要回家了吧，说完之后，便哄着儿子走了。

陈海飞和儿子也回到了家，陈海飞看儿子今天玩得很高兴，便问儿子今天那个小朋友为什么会哭。此时儿子说道："开始的时候，他想玩我手里的玩具，我就给他了，我们交换了玩具玩，但是他的玩具一点都不好玩，我想要换回我的小火车，但是他就是不给我。”儿子说道，“我看他不给我，我就说我的火车会变魔术，能够像金箍棒一样立刻变大变长，到时候就会把他压死。我说完这些之后，他就哭了，真是一个胆小鬼。”儿子还自豪地说着，但是陈海飞的心里听得有些害怕。

陈海飞想要让孩子明白很多话是不可以乱说的，便给孩子讲了一个故事，说道：“儿子，妈妈给你讲个故事吧，你不是最喜欢听故事吗？”儿子听了这话，自然连声叫好。陈海飞讲道：“从前，有一只小公鸡和一只小鸭子，小公鸡总是欺负小鸭子。有一次，小公鸡对鸭子说‘你赶快把主人给你的食物给我拿出来，不然我就天天打鸣，不让你睡觉。’鸭子每天都受到小公鸡的威胁，只好把吃的给了小公鸡，自己到河里捉鱼吃去了。但是没想到小公鸡还是不罢休，追着小鸭子，然后看到小鸭子逮到了小鱼，便对小鸭子说‘我也要吃鱼，把鱼给我，不然我就会打鸣，吵醒你睡觉’。这个时候小鸭子很生气，说‘你为什么要抢我的食物，你明明知道自己吃不了鱼’。小公鸡说‘谁让主人那么偏心，明明你有鱼吃，还要给你那么多的食物，而我每次只有你一半的食物吃。我不喜欢主人，也不喜欢你’。第二天小鸭子就将这些话告诉了主人，主人很生气，便直接将小公鸡送人了。”

儿子听完陈海飞的故事说道：“那只小公鸡真讨厌，老欺负小鸭子，把它送人也是应该的。”此时陈海飞说道：“小公鸡之所以被送人，关键不是因为它欺负小鸭子，而是因为它说了不该说的话，你说对不对？”儿子连连点头，陈海飞接着说道：“所以说啊，儿子，以后你要是不注意你说话，那么很可能会得罪别人，最终得不到别人的喜欢。以后跟别人在一起的时候不能乱说话，有的话是不能瞎说的，你明白吗？”儿子似乎明白了妈妈的意思，他点了点头，从那之后，他说话总是很注意。

孩子需要去理解什么话是该说的，什么话是不该说的。只有当他明白了这一点的时候，他才会去注意。就如同陈海飞的儿子，如果他明白自己当时说的话可能会吓到对方，那么他可能不会说那样的话。所以说，作为家长，我们有义务让孩子明白什么话是可以说的、什么话是不应该说的，这样有助于从小培养孩子的交际能力，让孩子明白话语的重要性。

生活中，父母在通过讲故事的方式告诉孩子什么话是不该说的过程中，要注意哪些问题呢？

1. 所讲故事一定要简单易懂。孩子的思维还没有那么成熟，所以说爸爸妈妈在选择故事的时候一定要选择那些比较简单的，这样孩子听起来才会更加容易听懂。如果那些故事过于复杂，孩子很可能会不知道你在讲什么。这就是对家长选择故事的要求，尽量让孩子能够自己感知到故事中的含义。

2. 在孩子不明白故事含义的时候，一定要进行讲解。当我们所讲的故事的含义不是那么明确的时候，一定要慢慢地给孩子进行讲解，不要让孩子为了听故事而听故事，让孩子明白其中的道理才是最重要的。当然，在讲解的过程中，一定要考虑到孩子的思想和感受。

3. 亲身示范告诉孩子说话要看场合。家长平时说话也应该切合场合，要想教导孩子讲应该讲的话，就要亲身示范，让孩子从你身上明白哪些话是不该说的，哪些话是可以说的，这是很好的教授方法。当父母在和朋友交往的时候，可以带上孩子，让孩子多经历一下不同的场合。孩子具有很强的模仿能力，有很多东西大人不说，孩子也会主动去模仿和学习，自然而然，就能够帮助孩子成为一个善于交际的人。

4. 慢慢来，这不是两三天的事情。说话本身就是一门很深奥的学问，别说是孩子，很多大人还无法很好地掌握说话的技巧，所以说对于孩子这方面的教育，家长们一定不要操之过急，要学会牵着“小蜗牛”慢慢地向

前走，不要奢望一两天之内就能够让孩子知道什么话该说、什么话不该说，时间才是帮助孩子成长的最佳良药。当然，在孩子做得很好的时候，一定要夸奖孩子，让孩子明白自己这样做是对的，自己说的话是应该说的，这是帮助孩子学会“选择性”讲话的好办法。

第八讲
循循善诱，培养孩子健康社交心理

渴望友谊和情感交流是孩子尤其是独生子女的一个重要心理特点。然而有不少孩子却时常表现出“自我封闭”的倾向。出现“孤独寂寞”、“没有朋友”的情绪体验。什么样的教育决定了有什么样的孩子。健康的社交心理有助于提高孩子的自信和自尊，降低挫折感，缓解内心的冲突和苦闷，减少孤独、寂寞、空虚的情绪，提高社会心理承受力。只有不良情绪得到有效的排遣，才能形成和谐的心理氛围，促进孩子的身心健康。

别让孩子疑心生暗鬼

生活中我们也常会碰到一些猜疑心很重的人，他们总觉得别人在背后说自己的坏话，或对自己使坏。喜欢猜疑的人，会特别留意他人对自己的态度，别人脱口而出的一句话很可能让他们琢磨几天，努力挖掘其中的“潜台词”。这样便不能轻松、自然地与人交往，久而久之不仅憋坏了自己的心情，也影响到人际关系。

有些孩子疑心也很重。老师让他回答问题的次数少了，他就猜想老师可能不喜欢自己了；朋友没有看到他，他就认为朋友肯定对他有意见了……孩子被这些莫须有的东西困扰着，天天精神紧张、情绪低落。如果孩子对什么都持怀疑的态度，并且为自己的怀疑去搜集各种“证据”，这样不但影响孩子的学习成绩，还会给孩子带来心理上的疾病。

16 岁应该是朝气蓬勃的年纪，可 16 岁的贝贝却与别人不一样，家人发现他近两个月变得很奇怪，很多疑，只是家人都认为贝贝正处于青春期，应该没什么事，可三个月过去了，贝贝的反常表现不但没好转，还越来越多疑，老是担心吃的饭里有人下毒，觉得别人在背后骂自己，有人跟踪自己等。这样多疑的症状让贝贝的家人也痛苦不已。

贝贝从小品学兼优，在家人眼里是个努力上进的好孩子，16 岁时，以优异的成绩考上了市里的重点高中，刚上高一，却出现这样的情况，家人很担心，将贝贝送到了医院接受治疗。贝贝入院后，主治医生对他进行了查体，经过医生仔细检查和询问病史，诊断为：精神分裂症。

猜疑是孩子心底的“暗鬼”，猜疑是良好人际关系的“腐蚀剂”，是人与人之间的“离心机”。孩子若有了猜疑之心，家长必须尽早帮助孩子走出误区，避免遭受猜疑带来的危害。

事实上，对于孩子产生猜疑心理，家长也有不可推卸的责任。要想让孩子摆脱猜疑心理，首先应当从父母做起：

1. 父母应培养孩子“责己严，待人宽”的性格。猜疑心重的人，大多对自己要求不高，对别人倒多少有些苛求。如果对别人的要求不那么高，就不会把别人的言行变化看得那么严重，许多无端猜疑就从根本上失去了产生的基础。另一方面，对别人的苛求往往也同对自己的迁就形影相随，倘若对自己要求很严格，就不会无端猜疑别人是否做了不利于自己的事，讲了不利于自己的话，就不会在心里疑神疑鬼，自寻烦恼。

2. 要教育孩子用理智力量克制冲动情绪的发生。当孩子发现自己开始怀疑别人时，应当立即寻找产生怀疑的原因，“换个角度想想”，在没有形成循环思维之前，用正反两个方面的信息思考，冷静思索有助于看清问题。

3. 让孩子学会开诚布公地交流，倾诉心中的疑惑。每个人的心情不可能始终快乐，哪天碰到不顺心之事，可能就会很少说话，或者不搭理别人。此时猜疑可能就会随之产生。父母要让孩子学会不把自己的猜疑埋藏在心底，不去进行假想臆断，而是去与被猜疑者进行开诚布公的交流沟通。只有孩子诚恳地说出自己的疑惑，与被猜疑者推心置腹地深谈一次，才会弄清楚事实的真相，才能够冰释前嫌，孩子心里疑虑消除的同时，友谊也会重新建立起来。

4. 父母要让孩子看到自己的长处，培养起自信心，相信自己会与周围人处理好人际关系，会给别人留下良好的印象。这样，当孩子充满信心地

投入到工作和生活中时，就不用担心自己的行为，也不会随便怀疑别人是否会挑剔、为难自己了。

5. 值得一提的是，如果是多孩家庭，父母一定要一碗水端平，不要让孩子觉得父母有偏心。买礼物可以不同，但须人人有份；有好吃好玩的，要尽量公平分配。

总而言之，父母要让孩子知道，一个人在生活中，遭到别人的议论和流言，与他人产生误会，没有什么值得大惊小怪的。如果觉得别人议论自己，应当告诉自己不必为别人的闲言碎语所纠缠，不要在意别人的议论，这样不仅解脱了自己，而且还取得了一次小小的精神胜利，心中的怀疑自然烟消云散了。

积极转化孩子的嫉妒心理

每个孩子或多或少都会有嫉妒心，嫉妒心表现在孩子身上是非常自然的，但如果家长对孩子的嫉妒心理不及时控制、转化，那么这种嫉妒情绪就会越来越强，直到影响孩子的人格发展。

1. 它不利于学习进步，对人对己都是不利的。本来在学校中刻苦学习、勇于冒尖、敢当先进，这都是孩子的一种优良心理品质，但由于那些嫉贤妒能的人视他们为眼中钉、肉中刺，百般挑剔、极力贬低，使得一些孩子不敢在学校集体中冒尖。

2. 它破坏人际关系，影响团结，削弱班级集体的凝聚力。一个人深切地嫉妒他人时，可能会不择手段地散布流言，恶语伤人，挑拨离间，打击报复，互相倾轧，恶化关系。

有一位叫张元的同学，成绩常排在全班第一。可是，每次临近考试，他的笔记本和复习资料都会不翼而飞；更让人气愤的是，在一次期末考试开始前的一小时，他接到“母亲车祸，速回家”的传呼，可是当他满头大汗赶回家时，母亲却安然无恙地在家看电视，“车祸”纯属子虚乌有。事后经查，这些事全都是同班一个同学所为。这位同学的成绩也不错，但常常排在张元的后边，为此，他心中妒恨不已，于是采取种种不光彩的手段干扰张元的学习和情绪，希望自己能超过张元。

3. 它增添了嫉妒者内心痛苦。“嫉妒者比任何不幸的人更为痛苦，因为别人的幸福和他自己的不幸，都将使他痛苦万分。”嫉妒者由于不能正确对待别人的进步与成绩，错误地认为别人的进步就是对自己的贬低，于是心理上自然产生一种痛苦的体验。这种消极的情绪反应持续久长将对人的身心健康十分不利，能引起多种心理问题与疾病。此外，嫉妒心不仅给自己造成痛苦与心理失衡，同时也给被嫉妒者造成一定的伤害。由此可见，嫉妒心是一种极其有害的心理，我们不可等闲视之。

总而言之，嫉妒是一种不健康的心理状态，它带来的后果往往是恶意竞争、攻击和对立。嫉妒心理对孩子的人际交往具有不良的影响，会妨碍孩子的进步。对于嫉妒心强的孩子，父母一定要做好心理疏导工作。从而帮孩子克服嫉妒心。

转化孩子的嫉妒心理，最有效的方法，莫过于“激发计”。比如如果孩子嫉妒同学成绩比自己好，或者某方面比自己强，父母不妨激励孩子：“嫉妒别人的优点，恰恰说明了自己不如人家；嫉妒别人是因为别人有超过你的地方。”用这样的方式，激励孩子去学习别人的长处，而不是嫉妒别人所取得的成绩，最终让孩子明白“与其嫉妒他，不如赶上他、超过他”。

小宇背着书包气呼呼地回到家里，他的神情引起了父母的注意。“怎么了？小宇！”妈妈关心地凑了过来。小宇生气地一撇嘴：“妈妈，还记得王浩吗？”

“啊！不就是那个 1 千米跑第一的孩子吗？”

“有什么了不起！就是他，今天篮球队选人时，他在一边穷表现，结果他被录取了，我却被‘刷’下来了！瞧他那样，四肢发达，头脑简单！”

爸爸的脸沉了下来，在旁边重重地哼了一声：“这孩子，竟然还妒嫉了！”爸爸连一眼都没再看小宇，转身回房间了。小宇又愧又怕，满脸通红地坐在沙发上看着妈妈，他感觉到爸爸因为他说的话而有点看不起他，但他却不知道为什么。妈妈也严肃了起来：“孩子，知道吗？你在嫉妒人家王浩，嫉妒他就说明你承认自己不如他，你爸爸当然要失望了！嫉妒有什么用，只会让人家笑话！如果你不甘心被他甩下了，那就努力练球啊！下次再选队员，争取也进球队不就行了！”小宇点点头，拿着书包回房间去了。那年秋天，小宇果然也被选进了篮球队。小宇在自己的日记本上写了这样一段话：我不要嫉妒别人，因为那就是承认我不如人。总会有人比我更好，我只能是不断地学习再学习。

父母的激发计奏效了，小宇成功地把自己的嫉妒心转化为了学习的动力。生活中，像小宇这样的孩子可能还有不少，但却不是每位家长都能像小宇的父母这样成功转化孩子的嫉妒心，一些家长说教，一些家长对这种情况置之不理，这都是错误的，家长们应抓住孩子表露嫉妒情绪的契机，利用激发计，唤起孩子不服输的精神，帮孩子彻底战胜嫉妒情绪。

太自恋的孩子不会受欢迎

“走开！我根本不需要你的帮助，这样的化学题是难不倒我的！”小松冲表示愿意帮助他讲解难题的同桌大声嚷道。

“活该！你妈下岗了，你再也神气不起来了！”明明对着同学小齐的背影，冷冷地说。

“我的古筝已过6级了，这次晚会理所当然地是由我先上台演奏。为什么让华斌上？他学古筝才几天呀！”高二（一）班教室里，传来了李威歇斯底里的喊叫。

“哼，黄老师每次上课都点我的名回答问题，每次都表扬我，为什么今天没有呢？是不是小宇去打过我的小报告？”

“哈哈……张老师今天当着全班同学的面说我的作文写得特棒！哼，看以后谁还敢小看我！”

“凭什么批评我？不就是一次作业没交吗？”童洲边愤愤不平地想，边用笔在纸上画语文老师的肖像，画好后撕掉，撕掉后再接着画。

“和马刚交朋友？不，就他那档次根本不够资格！”王庆对李强说。

……

孩子若是非常自恋，那他们就不会有开阔的心胸，不仅看不起别人，而且会迷失自己。所以培养孩子，就要让孩子远离自恋，不让他们迷失自己。想要纠正孩子的自恋倾向，我们首先要了解一下孩子自恋的成因。

据心理学家研究，孩子的自恋倾向，大多与家庭环境等有关。当孩子在幼儿时期，由于父母对孩子过分亲昵，从而使孩子的心里面出现自恋倾向。孩子进入童年时，缺乏与外界同龄人的接触，某些父母阻止孩子去结交同龄朋友，让孩子孤独地度过童年，这样也有可能使他产生自恋的倾向。那么，家长应该怎样做，才能不让孩子有自恋的倾向，或让孩子走出自我迷恋呢？

1. 给孩子提供一个健康的成长环境

父母要多关爱孩子，不要让孩子有孤独感、失望感，也不要溺爱孩子。在对待孩子的态度上，父母要把握好尺度。另外，父母在家时，有了矛盾也尽可能不要争吵，至少不要当着孩子的面争吵，否则会使孩子变得冷漠，从而不愿接近别人、相信别人，因此产生自闭或自恋心理。

2. 父母要讲究正确的教育方式

发现孩子有自恋倾向后，父母要先反省一下自己的教育方式，并改进自己的教育方式，鼓励孩子多结交有益的朋友，从一点一滴的小事中去发现别人身上的美与善良，发现别人的优点与特长。这样，孩子在开阔了眼界的同时，也开阔了心胸。当孩子敞开心怀去接纳别人时，就不会再自恋，不会再对别人产生厌恶感了。

孩子需要表扬，但是表扬要适度，要有节制。如父母经常有意识或无意识地当着孩子或他人的面称赞、宠爱自己的孩子，就有可能使孩子从小就自视甚高，这常成为孩子自恋心理产生的基础。所以，父母在表扬孩子时要有分寸，不能够夸大，更不能因为孩子有一次不错的表现，就每天都表扬。

3. 鼓励孩子多结交同龄的朋友

现在的孩子多是独生子女，如果家长不但不为孩子结交朋友提供条件，甚至还加以阻碍，就会促使孩子自恋心理的产生。相反，让孩子多结交朋友，让孩子看到每个人都有自己的优点，都有超过自己的地方，这样孩子的自恋心理就会减弱。

自恋的孩子容易迷失自己，他们没有宽阔的心胸，只有冷漠的眼神；他们没有赏识别人的意识，只有自我陶醉的梦幻。培养孩子，千万不要让他自恋。

正确引导孩子的攀比心理

妈妈跟人聊天，无意中提到了同事家的宝宝特别聪明，在一边玩耍的欢欢听到了，当即大哭。妈妈赶紧过来哄：“我们欢欢也很聪明啊！”欢欢情绪恢复后说：“我会背唐诗！会算算术！我会拉丁舞！我爸爸有小轿车！他不会，是不？……”

看着女儿把家底一件一件地抖搂出来，一副势必要把对方比下去的样子，妈妈有点哭笑不得！孩子怎么这样啊？处处都要比别人强，根本听不进别人的好啊！

攀比是烦恼的根源，那些心态平和、容易满足、不攀不比，安心过自己的日子的人才是最快乐的人。这句话也适用于孩子。生活中很多孩子的烦恼就来自于他们和同学比吃、比穿、比酷……因此，帮助孩子克服爱攀比的思想，也是父母不容忽略的事情。

当孩子之间出现了不良的攀比行为以后，家长们往往感到既无奈又不解，不知道小小的孩子是如何学会攀比的。其实，家长恰恰是孩子攀比的第一任老师，他们在孩子面前肆无忌惮地说贫比富时，不能分辨是非的孩子很快就学会了，如“妈妈说香奈儿才上档次”，“爸爸说有钱人开大奔”等。孩子们就学会简单地重复成人的话，模仿成人的语气去评价自我和他人。

因此，作为教育孩子的父母，必须小心检视自己的行为。如果父母在家中经常有类似和同事、朋友攀比的倾向，那么久而久之，孩子自然也会在无形中养成这种攀比心理。

当然，攀比不一定都是坏事，当发现孩子有不健康的攀比心理和攀比行为时，家长可以参考以下几点以作应对：

1. 改变攀比的方向

孩子喜欢在生活享受方面向上比，别人买了名牌书包，我也追求；别人有了新式玩具，我也想要。这时，孩子的心理和行为受情绪控制而缺乏理智，不能理解满足人的需求是受一定条件限制的。应对这一类攀比，快速生效的办法，就是调整比的方向，将向上比改为向下比。这也叫作反攀比。

2. 迁移攀比的兴奋点

孩子有攀比心理，说明孩了的内心有竞争的倾向和意识，想达到别人的水平或超越别人。我们要善于抓住这种上进心理，并且改变孩子一味地攀比吃穿、消费的倾向，引导孩子将攀比的兴奋点迁移到学习、能力、毅力、良好习惯等方面。

3. 将今天与昨天比

让孩子今天和昨天比，本周和上周比，这学期和上学期比，从中看到自己的进步，建立孩子的自信心，并在欣赏自己的过程中努力超越他人。这样就能改变孩子习惯于横向攀比而成为纵向自我比较。

4. 将攀比变成动力

当孩子爱攀比的时候，我们可以引导孩子将攀比变成动力，告诉孩子不是不可以攀比，而是要通过自己的努力，去实现攀比的条件。

攀比并不是一无是处，关键是不能让孩子盲目攀比，家长应替孩子把握好方向和尺度，更不能让孩子拿自己的短处和别人的长处比。

别让孩子变成“暴力儿童”

一项心理调查显示：现在孩子越来越多地有暴力倾向。7 岁到 13 岁之间的孩子，23.9％承认自己有通过暴力解决问题的想法。这是一个令人触目惊心的数字，父母们必须明白孩子暴力习惯的危害，及早通过训诫的手段纠正这种不文明的行为。那么什么是儿童暴力呢？

儿童暴力一般表现为两类：

轻者为语言暴力，言语中表现出暴力倾向。动辄出言“宰了你，做掉你”等。又如日常生活中一些孩子玩着玩着，突然猛叫一声，吓得周围人一哆嗦，而他（她）自己却若无其事。此类言行也是儿童语言暴力的典型表现。

另一类较为严重的则表现在儿童行动上，轻度的则是动手动脚加于别人。重者则是用暴力器械伤人，危害性极大，实在令人为之深忧。而据相关部门抽查，目前我国城市儿童三成以上有暴力倾向，稍不注意，就会诱发暴力事件。家庭、学校、社会确应给予高度重视。

那么，孩子为什么会有暴力倾向？造成孩子有暴力倾向的因素来自多方面，但最主要还是来自家庭、社会。

1. 家庭因素：不良的家庭环境、不正确的家庭教育方式（棍棒式的强制或温柔的强制），对学生健康发展会产生极大影响。青少年在家庭中得不到理解、尊重和关爱，会产生压抑、焦虑和偏执心理，透过“有色眼镜”观察周围的一切事物，形成“攻击性人格”。他们往往通过欺凌弱小来释放压抑，获取一种心理上的平衡。

2. 社会因素：社会因素也是校园暴力发生的一个不容忽视的因素。违法经营的文化娱乐场所产生的负面影响；大众传播媒体中某些不良的误导；经济浪潮冲击下的西方腐朽价值观、人生观的腐蚀，这些对青少年的身心健康能产生极大的危害。

有这样一个男孩，他是一个聪明的孩子，成绩优异、家境优越，父母对他宠爱有加。可他却在 13 岁那年，用刀捅伤了同学，进了少年劳教所。后来，他对发生在自己身上的悲剧做了反思：“从小到大，爸爸妈妈给我的教育就是：只要学习好，犯了什么错都不是错，父母都不会责怪我。因此，我变得很任性。可能是任性造成了我的一种霸气，我的个头在班上最高，成绩也好，同学们都很服我。上中学时，爸爸妈妈告诉我要我学习好，然后就是在外不要吃亏，不要被别人欺负。如果我吃了亏，被别人欺负了，他们肯定会认为我窝囊，没有用。记得我小时候，有一次我带了玩具飞机去幼儿园，小朋友们抢着玩，有一个小朋友玩着玩着居然不给我了。我急了，夺过飞机就朝他脑袋上刺去，把他的头刺出了血。家里赔了人家钱，我很害怕，以为回家要被处罚。哪知道，爸爸妈妈并没有责备我。我读小学四年级时打了同学，同学父母找到我家里来，我爸爸向人家赔了不是。送走了人家后，他对我说，‘看这小子，懂得教训别人了。’妈妈告诉了我道理，她说，只要不被别人欺负，怎么做都行。当我去中学读书时，她对我说，现在的孩子都很霸气，你要是不让别人怕你，你就会被别人欺负。现在回过头来想想，我觉得父母对我的这些教育是不正确的，我在学校的打人习惯正是父母错误教育引导的结果。”

这个悲剧也引起了很多父母的反思，于是他们纷纷严厉管教孩子，纠正孩子爱打人的习惯。但是父母虽然有这个良好心愿，但往往不知道怎样教育孩子，因而往往产生反效果。

天恩是个 7 岁的孩子，刚刚上小学一年级，不过半年来，他已经给父母惹了一大堆麻烦，为什么呢？就因为他爱打人！上学才三天，就把一个小女孩的膝盖踢破了，后来又把同学的头打破了，再后来还划伤了同学的胳膊……为了这些事，爸爸妈妈骂过他，打过他屁股，可他还是一犯再犯。有一天，父子正在看电视，电话响了，爸爸接完电话怒气冲冲地拉过天恩就是两巴掌，天恩委屈地大哭大叫，爸爸更生气了：“说过一百遍了，不许打人，你还敢再犯，今天打死你算了！”爸爸又打了下去，这一次，天恩竟然挣扎着用小拳头打爸爸，这让爸爸更生气了：“真是太过分了，竟然打爸爸！”结果那天，爸爸狠狠地打了天恩一顿后，把孩子丢回房间去“反省”。天恩一个人在地上哭得稀里哗啦，不明白为什么爸爸可以打他，他就不能打人，最后他得出了一个结论，那就是他不能再打同学，只能打比自己小的孩子。

这是很可悲的，爸爸的“教育”只换来了一个消极结果。这都是因为教育方式不当造成的，如果父母能用训诫的方法教育孩子，那么效果一定会好得多。

训诫是一种正面教育方式，训诫并非单纯的责备，更不是一棍子打死，而是综合运用比较、劝勉、激励、警告等多种形式，软硬兼施地达到教育目的。

采用这种方法大体上分为五步：

1. 指出错误，点明其危害。比如在上面这个故事中，爸爸就不应该拉过孩子就打，而应该先让孩子知道自己犯了怎样的错误，要指出打人是一种野蛮行为，是为人所不齿的，没有人会和打人的孩子玩，再这样下去，他就会失去所有的朋友。

2. 分析。如果孩子之间发生了冲突，父母一定要保持冷静，不要立即大声呵斥孩子，让他停止争吵，更不能因为害怕自己的孩子吃亏而护着孩子。应该让孩子自己说清楚发生冲突的原因，然后让他自己提出解决冲突的方法，或者为孩子提一些解决冲突的建议。

3. 说理。比如，当孩子在玩自己心爱的玩具的时候，别的孩子可能过去抢他的玩具，孩子急了就会打人。这时候，父母应该教育孩子对抢他玩具的小朋友说："这是我的玩具，让我先玩一会儿，等会儿我再给你玩。"或者让孩子友好地与其他小朋友共同玩。

4. 对比。父母应当让孩子意识到，打人是一种让人多么不能容忍的行为。在孩子打了人后，就用对比法给他分析问题。例如："孩子，如果有人打破了你的头，让你流血了，那妈妈一定会非常伤心，非常难过，因为妈妈爱你，希望你永远平安。其他的小朋友也有妈妈，他们的妈妈也爱他们，你打伤了那些孩子，他们的妈妈该有多难过啊！"这种对比可以让孩子深刻认识到自己的错误，反省自己的做法。

5. 警告。父母应该告诫孩子不要用武力解决和小朋友之间的冲突。父母绝对不会原谅他的打人行为，如果孩子再犯这种错误，就将受到严厉的惩罚。

另外需要重点提醒的是，家长是孩子模仿的对象，如果家长经常用暴力解决家庭教育中出现的问题，孩子就容易在排遣自己的不良情绪时采取暴力。所以，对于有轻微暴力倾向的孩子，家长更不可"以暴制暴"。不要在烦躁的时候处理孩子的问题，待自己冷静下来，理智的时候，再和孩子沟通，向孩子示范如何控制自己的情绪。告诉孩子，如果对伙伴感到生气了，要清楚地告诉对方，他做了什么使你生气，而不是用暴力解决。要学会用时间来淡化冲突，或者在怒气上升的时候做些其他事情来转移自己的情绪。

让孩子学会善待“批评”

很多大人喜欢听表扬而反感批评，孩子们也一样。心理学家研究证实，那些难以接受批评的孩子长大后，也大多会对批评持“避而远之”或干脆“拒之门外”的态度。由此看来，让孩子在幼儿时期就学会接受批评，无论对一个人完整人格的塑造，还是对促成其事业的成功，都具有相当积极的意义。

但是，在很多家庭里，孩子听不进父母的意见，更听不得批评，何冲就是这样的一个孩子。

何冲有点儿“小聪明”，从小就很讨人喜欢。在整个小学阶段，他虽然没有值得特别骄傲的荣誉和成绩，却也没有任何不光彩的记录。妈妈视他为家中的希望，爸爸也觉得他很争气，何冲自己也感觉特好。进入初中后，何冲变得骄傲自大起来，听不进不同的意见，更听不得半句批评，成了一个犟头倔脑的“小大人”。

比如父母对他说：“冲冲，你现在是初中生了，再不能像以前那样，成绩只能算个中等，我们希望你在这学期有一点进步。最主要的是，听说

你进中学后常去网吧，这样可不好……”

“你们在跟踪我？谁说我去网吧了？想让我的成绩上去，你们就花钱送我去重点中学吧，在这个学校我已经尽力了！”父母的话还未说完，何冲便冲父母大声嚷道。

何冲之所以听不进批评，是因为他对自己评价过高，很自以为是。据心理学家研究，这是因为孩子在一片表扬声中长大，从小受到娇惯宠爱；当父母发现孩子骄傲自大，批评的时候又不注意方式方法，所以孩子根本听不进去。

那么，家长要怎样批评孩子，才能让孩子从内心里接受呢？

1. 不当众批评

对于自尊心强的孩子，家长在需要批评时一定要注意，不要让孩子当众丢脸，不要伤害他幼小的心灵，批评最好是单独进行。

2. 欲抑先扬

批评前先说说孩子的一些优点，这样，孩子心理上会有一个缓冲，对大人的批评也会乐于接受。

3. 对事不对人

批评的重点应该放在孩子做的错事上，让他明白这样做为什么是错的，这样做会造成什么样的后果，不要对孩子进行人身攻击。

4. 把控情绪

父母在批评孩子时，切忌暴跳如雷，态度要尽量平和，不要居高临下，咄咄逼人，这样会使孩子产生反抗心理。

5. 及时批评

孩子一旦做了错事，发现以后要立即给予批评指正，不要左思右想等错误过了好久才去批评，这样会使孩子感到莫名其妙。

6. 贯彻始终

对于同一种错误，绝不可因为父母的情绪变化，生气时就批评，心情好了就放纵，这样会使孩子难辨是非，不知所措。

7. 适可而止

在对孩子进行批评教育以后，只要孩子领会了批评的意思而又有悔改之心，就要原谅他，终止此次批评。

8. 端正心态

批评应以爱护孩子、培养孩子的良好品行为出发点，并充分相信孩子能够改正错误。

9. 平衡表扬与批评

孩子自尊心强、经不得批评的原因，很多都是因为父母对他们一味地进行表扬和鼓励，很少或根本不进行批评所造成的。对孩子过度地表扬，会使他们逐渐形成唯我独尊、虚荣心强、好大喜功的性格，并且害怕面对失败与挑战，对批评极为敏感，无法接受。

我们不能让孩子在受责备的环境中成长，但是也不能让他们整天泡在赞美里。因此，我们没必要对孩子事事进行表扬，要少用一些情感色彩过于强烈的积极评价。如果想鼓励孩子，我们应客观、具体地评价孩子什么地方做的好，什么地方还需要改进。

10. 询问理由，注意场合

当孩子犯了错误，作为家长首先要耐心询问："为什么这么做？"了解孩子犯错误的原因和动机，千万不要不分青红皂白劈头盖脸就骂。孩子也是一个独立的个体，他也有受别人尊重的需要，当众批评会让他的自尊心受到伤害。于是他会表现出"叛逆"和"不服从"，以此来表达他心中的不满。孩子连你批评的方式都没接受又何谈接受你的意见和建议呢？

11. 把握好分寸

父母在批评责备孩子时，首先要站在孩子的角度想一想，不能一味蛮横指责，甚至羞辱孩子，而应该把握好分寸，使批评的话说得恰到好处。需要特别注意的是，在批评孩子时，应做到不要抨击孩子的人格，而应就事论事，单就他的一次行为或举止进行批评，这样就可以避免刺激到他的自尊心。

12. 婉转暗示

孩子到了一定年龄已经有了爱憎、是非的判断。一旦犯错也会担心爸爸妈妈的批评和责骂，如果家长通过暗示，用眼睛看看他，用肢体动作提醒他，孩子会“不好意思”地自我反思。进而会有意想不到的效果。长此以往家长还会和孩子达成一定的默契。

13. 让孩子学会认真倾听

不论批评有多尖锐、多不中听，你都应该要求孩子认真倾听。因为只有认真倾听，才会发现其中也许确实有几分道理，最后才能虚心予以接受。从而让孩子渐渐明白：对他人的批评认真倾听，不仅是一种文明的表现，而且也是完善自我的必要方法。

14. 允许孩子分辩

在批评孩子时，也应允许孩子作出解释，因为迫使孩子虚假地表示接受批评，但心里大感委屈实际上不仅于事无补，还可能引发种种弊端。允许孩子分辩的同时也要让孩子明白：解释的目的并不是推卸本来应负的责任，还应要求孩子保持解释时心平气和、实事求是的态度。

15. 培养孩子的自省精神

只有通过自律、反思、检查、剖析、克制等，孩子才会静下心来，客观公正地评价自己，并能清楚地认识到自身的缺陷。一个人如果不懂得自省，或者缺乏主动自省的精神，后果就是盲目自大，自我感觉良好，甚至发现不了自身存在的错误，以致遭遇损失时还一味抱怨他人，从不想想问题的根源就在自己身上。

善于自省的孩子，不会在犯了错误或遭受挫折时怨天尤人，而是先从自己身上找原因。心理学家都认为：改善心智模式的前提是要有自省的能力和勇气，也就是要客观公正地认识自己，不留情面地剖析自己。

事实上，只要孩子学会了“善待”批评，批评完全可以如同表扬一样，鼓励孩子前进，而且可以起着表扬难以达到的警示作用。

让心胸狭窄的孩子变得大度

每位父母都希望自己的孩子宽容、大度，因为这样的孩子才容易和别人友好相处。但是生活中，心胸狭窄的孩子却相当普遍；这些孩子都有一种优越感：自己才是最好的，谁也不如我！而一旦发现有人超过了自己，这些孩子便无法忍受，甚至还会想方设法打击对方。

平平上小学一年级了，爸爸开着自家的“马自达”把儿子送到学校，他认为自己的儿子聪明、漂亮、机灵，一定会成为班里的佼佼者。果然不出所料，三天后，平平放学后兴高采烈地向父母报告：“老师让我当班长了！说我学习好、聪明、能力强！全班同学里只有我获得的表扬最多，其他的孩子都不行！”爸爸妈妈也很高兴：“就是嘛！谁能比得上平平呢！”然而半个学期没过去麻烦就来了，平平回家后，总是拉长了脸，向妈妈数落自己的同学不好：小舟只不过会跑步，大家都捧他，但其实他是笨蛋；

小美长得漂亮，有什么了不起的，穿得那么土……而且他还向妈妈抱怨同学们都嫉妒他，不理他。结果妈妈向老师一问才知道，原来平平在班上总是表现得心胸狭窄，如果班上有哪个同学在哪方面超过了他，他就会反应强烈，甚至诽谤人家，因此同学们都疏远他。不仅如此，平平也不能接受老师的批评。有一次，老师说他学习好，工作能力强，就是工作方法上存在着一些问题，同学关系有时会出现一点紧张，希望他能稍微改变一下。老师说得很委婉，也很诚恳，但心胸狭窄的平平哪里听得进去。为了这件事，平平一连几天拉长着脸，也不说话，他觉得太不公平了，老师怎么能这样对他呢？平平总因为一些琐碎的小事而生闷气，妈妈看在眼里，急在心里，她越来越为儿子担心，她担心儿子这样的性格将来交不到朋友，适应不了社会。

心胸狭窄就是一种心胸狭隘、气量狭小的心理和人格缺陷。狭隘者常常表现为：吝啬小气，斤斤计较，吃不得亏，会想方设法弥补“损失”；不能容忍他人的批评，不能受到一点委屈和无意的伤害，否则便耿耿于怀、伺机报复；人际交往面窄，容不下那些与自己意见有分歧或比自己强的人等。那么。为什么小时候那么天真可爱的孩子，会变得越来越心胸狭窄呢？

1. 生活环境影响

今天的孩子多为独生子女，在家庭中，孩子就是一切，爷爷奶奶、爸爸妈妈整天围着一个孩子转，孩子就是“小太阳”，孩子的要求从不会被拒绝。长此以往，孩子就形成了一种错误的认识：“我”是最好的，谁都不如我。因此当孩子走出家门，面对更广阔的世界时，难以接受别人比自己强的现实。

2. 教育环境影响

家长望子成龙心切，很早就开始进行超越孩子承受能力的教育，使孩子失去了天真烂漫的个性和敞开胸怀接受大自然的机会，缺乏同龄间的嬉戏。再加上万般宠爱集一身，更难以培养出谦让、爱人的优良品质。进入幼儿园或学校这个集体后，成绩至上的学习氛围，使孩子经常放弃课外活动，放弃相互帮助，并引发妒忌、不正当竞争、自卑、自伤等，稍不如意即暴躁易怒，带有强烈的神经质特点。

3. 家长的性格和教养方式对“我”的影响

父母的性格、爱好、习惯对孩子的言传身教作用很大，对孩子的性格形成起着奠基作用，甚至许多孩子的性格完全是父母性格的翻版。所以，如果父母平时斤斤计较、心胸狭窄的话，那又怎么来要求孩子呢?

父母应当明白，心胸狭窄，不但会影响孩子的人际关系，还会影响孩子的身心健康，因此父母应学会引导孩子，不要让孩子总认为“我行，别人不行！”让孩子的心胸变得更加开阔。

1. 以身作则

父母让孩子学会宽容，首先自己应有宽容的品质。如果父母本身心胸狭窄，无视他人的意见，习惯于将自己的意志强加于人，不给人改错的机会，为一点小事争执不休，为一点小利而斤斤计较，孩子又怎么能学会宽容呢? 父母宽容、大度、遇事不斤斤计较，与邻里、同事融洽相处，孩子就会学着父母的样子处理自己与同学之间的关系，也会变得宽容、和善。

2. 增加社交活动

由上可知，孩子心胸狭窄的一个重要原因就是从小和同龄的孩子接触太少，父母处处对孩子忍让，孩子从来不能站在别人的角度考虑问题，完全以自我为中心。因此，父母应多提供机会，让孩子经常与小朋友交往。在交往中学会宽容、体谅他人；提高人际交往能力及社会适应能力，养成良好的性格。

3. 不偏袒孩子

当孩子在交往中遇到矛盾和纠纷时，父母千万不要偏袒自己的孩子，

这样做会让孩子错误地认为自己的地位是特殊的，别人都比不上自己，都要让着自己。那么父母在遇到这种事时，该怎么处理呢？请看下面这个故事。

妈妈正在厨房做饭，突然听到楼下传来儿子冬冬的哭声，她赶忙跑下楼去，只见冬冬正坐在地上哭呢。而常和儿子玩的小朋友林林涨红了脸站在一边，眼泪也快要出来了。冬冬看见妈妈来了，马上扑了过去。“妈妈，林林打我！”“是吗？林林，你们为什么不高兴啊？”没等林林开口，冬冬立刻抢着说：“他看我小，欺负我！妈妈你帮我骂他！”妈妈不高兴了，她把冬冬推开：“不许没礼貌！让林林说！”后来妈妈弄清楚了，原来林林用积木盖城堡，冬冬也要抢着玩，林林不让，冬冬一来气就把盖到一半的城堡踢倒了，两人由此打了起来。妈妈严肃地把冬冬叫过来：“冬冬，为什么玩什么一定要听你的呢？林林的城堡已经盖了一半了，如果你想玩可以帮他一起盖呀！下次不许你再这样霸道，如果林林也把你盖好的积木推倒，你生不生气呢？”冬冬红着脸，一声不吭了。林林走过来说：“阿姨，对不起，我也不该动手打冬冬。冬冬，别生气了，我们一起玩积木吧！”冬冬看了看妈妈，两个孩子开始一起搭城堡了。

这位妈妈把这个小纠纷处理得非常好，她没有不分青红皂白地偏袒自己的孩子，而是一视同仁地处理问题，这样就不会助长孩子以自我为中心的心理。不仅如此，她还借机教育了孩子：“为什么玩什么一定要听你的呢？”这样就会引起孩子的反思，渐渐地孩子就会认识到：小朋友之间都是平等的，不能总是自己说了算。这是一个成功的教育案例，也是对平等计的一次成功运用。

4. 不妨让孩子体验一下心胸狭窄的害处

父母要让孩子认识到，如果一个人总是心胸狭窄，别人就会讨厌你，或不喜欢和你做朋友，而且做错事时也得不到别人的原谅，会被彻底地孤立起来。这样孩子就会认识到，心胸狭窄是一件不好的事，并慢慢地改变这种坏性格，心胸变得开阔起来。

总而言之，父母要帮孩子认识到，不能什么事情都得依着自己，父母、别的小朋友和自己都是平等的，你对别人斤斤计较，别人也会对你斤斤计较，而如果你对别人宽宏大量，那么别人也会还你一个宽宏大量。

第九讲

强化社交弱势，正确引导孩子交朋友

陌生人是可以发展成朋友的，朋友是开阔眼界的资源，友谊是获得赞扬和勉励的途径。没有同伴的友谊，孩子会觉得孤单、迷惘，未来还有可能出现学业不佳，情绪低落、忧郁等问题。有的孩子天生就是优秀的外交家，但并非所有的孩子都这么幸运。然而社交技巧是可以通过后天的学习和实践得到改善和加强的。正确引导孩子如何交朋友，让孩子在未来的生活中更加的快乐，更加的温暖！

孩子，试着让大家多了解你一点

几乎每个人都有害羞的时候，对青少年来说更为普遍。美国俄亥俄州立大学的一项统计结果表明，97%的学生认为做公开演说是世界上两件最可怕的事情之一（另一件是核武器）。某杂志的“读者信箱”也经常收到学生的来信。信中常写道：我有一个大缺点，就是特别怕羞，一碰到上黑板做题或和陌生人说话时脸就红，我该怎么办?

展鹏今年刚刚升入初中，不知怎的，他现在变得越来越害羞，上课不敢主动举手回答问题，遇到陌生人的时候，展鹏一般也是满脸通红的，一副羞怯的模样。班上有什么集体活动的时候，展鹏总是喜欢跟在别人后面，别人干嘛，他就干嘛。

这天上课时，老师提问展鹏了，可是他涨红了脸，支支吾吾半天都没有说出一句话，同学们哄堂大笑，这下展鹏更是窘迫不堪了。课后，老师及时给展鹏的妈妈去了电话，把展鹏的状况和妈妈简单地说了一下。

放学后，当展鹏一个人低着头走出校门的时候，意外地看见了等在门口的妈妈。展鹏有点奇怪，难道妈妈知道自己今天在班上的表现了?

妈妈微笑着向展鹏招手，展鹏来到妈妈跟前，怯怯地叫了声：“妈妈。”

妈妈说道：“嘿，我的儿子，怎么一副垂头丧气的模样呢?”

展鹏低声问道：“你知道我今天在班上的表现了吧？我很没用吧?”

妈妈搂着展鹏的肩膀，亲切地说道："才没有呢！你很棒的，妈妈觉得你很棒！所以，为何不试着让大家多了解你一点呢？很多事情你也一定能做得很好！大胆一点，嗯？"

展鹏听了妈妈的鼓励之后，心中涌起了一股暖意。后来，在母亲的帮助下，展鹏渐渐变得敢于在众人面前大声地说话，表达自己的想法，上课也开始勇于举手回答问题了。最近，展鹏还代表班级参加学校的演讲比赛呢！

从心理学的角度看，羞怯是一种情绪。每个人都有过羞怯的经历，这是非常正常的，只是羞怯的程度和时间的长短不一样罢了。有的人到成年以后还摆脱不了羞怯，以致形成"对人恐惧症"，所以应该重视孩子的羞怯体验和行为。如果父母对孩子的羞怯不当回事，那羞怯将有可能伴随孩子终生。

父母要明白孩子羞怯的表现形式，大多数羞怯的孩子都伴有学习成绩差，不与他人交往，不愿与同龄的孩子在一起玩耍，逃避课堂讨论，不主动发言，不愿在公开的场合抛头露面，做什么事情都要父母陪伴，不能单独外出，怕见陌生的人，在陌生人面前不知如何应对，说话爱低着头，声音比较小，爱脸红，说话办事都爱在别人后面，甚至连笑也不敢先于别人。

作为父母，该怎样帮助孩子克服羞怯心理呢？首先，在日常生活中，要给孩子以抚慰。当孩子慢慢长大以后，应多多了解孩子的内心活动。要教会孩子最重要的东西：自信。"你太杰出了"、"你很伟大"这样的赞美之词不要吝惜。

此外，要多给孩子以鼓励，让孩子得到肯定和表扬。胆怯的孩子本身就爱自责，缺乏勇气，在做某件事之前，预见的结果是自己不行。如果这时给他一些鼓励，激发他的勇气，他会把事情办得很好。

另外，一般羞怯的孩子会担心别人瞧不起自己而不去交友。这时父母就应该鼓励他，可以让亲朋好友或比较熟悉的孩子与他一起玩，克服他交往的恐惧心理，然后再鼓励他在同学中交朋友。当孩子带朋友到家中时，父母要表现出热情，别不当回事，以增加他的勇气。

在孩子面前不要滥用父母权威，尤其面对易羞怯的孩子。家里的事尤其与孩子有关的事，要多征求孩子的意见，让孩子觉得在家庭中他与父母是平等的。这有利于克服孩子的自卑情绪，同时还要鼓励孩子多交朋友，支持孩子参加有益的活动。当孩子找到自己感兴趣的事情时，就很容易摆脱羞怯。

所以平时多让孩子参加学校的文体活动，多鼓励孩子在公共场合发言，千万别让孩子生活在集体活动的圈子之外。

引导孩子融入到集体中去

成功人士善于合作，善于融入集体，因为谁都不可能是一座孤岛，一个人要取得成功，必须学会与别人一道工作，并能够与别人合作。未来的时代是一个注重集体主义，需要团队精神的时代。

可现在的孩子大多缺乏集体意识和团队合作精神。这样下去的话，孩子将来可能很难立足于这个社会中。

彼得大帝小时候十分喜欢玩游戏，尤其是玩军事游戏。可是，他是个皇帝，这就使得他有一种与生俱来的优越感。因此，在游戏中他总是做首领，总是无礼地指挥小伙伴们干这干那，有时还会随意打骂他们，致使小伙伴们总是躲着他。小彼得也感觉到了小伙伴们对他的疏远，但他搞不明白为什么，就去向他的爸爸请教。

爸爸听他说了自己的困惑，哈哈一笑，引导他说："你是不是希望他们可以和你亲密无间啊？"

"是呀。"小彼得一听爸爸一语中的，高兴地回答。"那你知道问题出在哪里吗？"爸爸进一步问。

"我就是因为不知道才来问您的。"彼得不高兴地回答。

爸爸说："虽然你是皇帝，但他们还是很愿意和你一起玩，只是你总是以皇帝自居，在游戏中没有礼貌地叫他们干这干那。你喜欢争强好胜是对的，但你总是利用你的地位来取得这一切就不好了。"

"他们原来是因为这个啊。"听了爸爸的分析，彼得高兴得一蹦三尺高。随后，他又为难地问爸爸："那我以后应该怎么做呢？"

爸爸看到小彼得诚心改过，也希望小彼得成为一位人人尊敬的好皇帝，就进一步引导他："首先，在游戏中你应当把自己当成他们中普通的一员，而不是什么皇帝，要平等地对待小伙伴们。你要学会融入到集体中去。然后，在行动上对你的伙伴要讲理，有时也应听听他们的想法，不可无理取闹。总之，你要融入到他们当中去，去体会和了解他们的感受和想法，去和他们合作，共同完成游戏，这样你就会从中学到很多东西。"小彼得点了点头。

就这样，小彼得明白了一个人只有融入到集体中，才能得到充分的锻炼和发展。这也为他以后成功的人生打下了最坚实的基础。

那么父母应如何培养孩子的集体观念，让他尽快地融入到集体中去呢？

首先，要让孩子学会严于律己，与朋友建立友好、平等的关系。

在人格上，人与人永远是平等的。遇事要无私，要言而有信。只有这样，人与人之间才能互相信赖、和睦相处。要严于律己，宽厚待人，尊重他人，不轻易地怀疑、怨恨、敌视他人。

其次，让孩子在集体中成长。

鼓励孩子多参加一些集体的活动，只有在集体中才能真正切身体会到与人和睦相处，共同合作的好处。这可以让他意识到他人的存在，学习到与他人相处的经验。与此同时也培养了他的合作意识。要引导孩子体会到，自己只是家庭、集体中的一分子，更多的应该想到整个家庭、整个集体的需要。

此外，要在生活中，尽量给孩子创造多一点的锻炼机会。孩子在生活中学到的知识、培养的精神，都会渗透到他的性格中去，长大后会带入社会。一个懂得合作精神的人会很快适应工作岗位的集体操作，并发挥积极作用；而不懂得合作的人在生活中会遇到许多麻烦，产生更多的困难，而无所适从。

例如，在家里要让孩子做些力所能及的事情，例如：自己洗衣服、帮助父母干家务等。

为了让孩子尽快融入到集体中去，父母要努力培养孩子谦让、忍耐精神。让他知道，在集体中个人只是一个微小的元素，在从事一些活动时要互助与谦让。

帮助孩子养成良好的沟通习惯，这有利于孩子增进同学之间的友谊；发扬团结互助精神，相互关爱，加强集体凝聚力。

要让孩子明白，自己的成长时刻离不开集体，所以，应该记住回报集体。

教孩子如何与别人友好相处

孩子是否善于同别人打交道，在人群中人缘如何，对他以后的学习和人生的发展有着很大的影响。

有研究分析表明，从小善于与人交往的孩子，不仅容易与人相处得比较融洽，而且可以从其他人那里学到更为广阔的知识。如果孩子过于封闭自己、不爱与人交往、在同学中的人缘不好，都会影响孩子的交往能力，使孩子无法适应复杂多变的社会，更有甚者，会让孩子形成孤僻、抑郁、偏执等心理障碍。

徐涛是个安静的男孩子，每天上学放学都按时回家，学习也从来不用父母操心。上初中以后，徐涛基本上还算比较懂事听话。但徐涛妈妈却发现孩子整天待在家里，周末也基本上待在家里，从来都不出去玩，也没见他带同学来家里玩。有一次，妈妈在下班的路上碰到了徐涛的老师，老师对徐涛妈妈说，徐涛在学校里不太与同学交往，在同学中人缘也不好，同学也不太愿意与他一起玩。妈妈才明白徐涛整天都待在家里的原因。

人是具有社会性的，人们生活的方方面面都离不开与他人的联系，心理的健康发展同样离不开群体的影响。特别是孩子，他们只有在群体中才能感受到快乐：因为当孩子融入群体之中的时候，他不但能得到心理上的满足和平衡，他的困惑和痛苦通过与人交流也会得到化解。因此说，孩子只有融入群体，他才能自觉地调整自己的行为去适应社会的需要，才有更多的机会去学会生活享受快乐……可是，不幸的是，许多孩子由于生活的限制和学习的压力，失去了与同龄人交往的机会，合群的需要无法得到满足，久而久之造成心理上的孤独与寂寞，产生许多心理问题。

不合群的孩子往往性格内向、孤僻、多疑、冷漠，在人格的发展上存在着一定的障碍，对心理健康的影响很大。

因为缺乏与同龄人的交流和沟通，不合群的孩子常常有着更多的困惑和迷茫，容易形成对社会和自己的不合理看法，产生自负或自卑心理，或者患得患失，情绪的波动比较大，心理承受力差，甚至走向极端。

曾有一个读初中的孩子，从小母亲倍加呵护：一个人出门怕出事，跟别的孩子玩耍怕被欺负，班级活动怕影响学习。在母亲的精心安排下，他犹如生活在“一尘不染”的真空里。可是，进入青春期以后，他的苦恼逐渐增多，学习渐感吃力，又总是形只影单，心灵的孤独使他常常自卑自叹。一次，因为考试成绩不理想被母亲说了句“你越来越没用了”，于是他觉得自己“活着没什么意思”、“是个多余的人”，结果吞下大半瓶安眠药自杀，幸亏发现及时，才保住他的生命。

不合群的孩子在人际关系上也会出现明显的障碍。由于缺乏正常的人际交往，他们往往不懂得理解和尊重别人，不知道宽容和谦让，有的甚至不会应酬日常的人际往来，不仅给自己带来许多麻烦，还会造成社会适应困难。

有一位大学一年级的男同学，就是因为从小不合群，所以当他进入大学以后，常常对周围的生活环境感到无所适从。他无法和同宿舍的人打成一片，也交不到其他的朋友，甚至当一个女同学对他表示好感时，他却不知如何是好，为自己和别人都增添了许多苦恼。

因此，父母一定要注意培养孩子的合群意识。所谓合群，不仅仅是指和众多的人在一起，更重要的是能适应群体，把自己有机地和群体结合起来，被群体中的人认可和欢迎，在群体中得到快乐。合群更多地表现为孩子的一种主动的行为。当孩子融入群体之中的时候，他才会有集体荣誉感，才知道什么是团结协作，才真正明白竞争的意义，才更懂得生命的价值。

培养孩子的交际能力，父母要经常与孩子为伴，不仅扩大了孩子的社交活动范围和交际内容，影响孩子的社交兴趣和需要，还有助于孩子积累社交经验和社交技能。要培养孩子合群，父母首先要以身作则，为孩子创造一个良好的家庭环境。比如，全家人的和睦相处，不以孩子为中心，不事事从孩子的角度出发，不让孩子凌驾于父母长辈之上。同时，父母也要尊重孩子，切忌随意打骂、训斥，要让孩子在平等和睦的家庭气氛中形成合群的性格。

培养孩子与人合作的能力

有人曾经问日本的一位小学校长：“您办学最注重的是什么？”校长回答说：“教育孩子理解别人，与其他人合作。在现代社会，如果不能与人相互理解和合作，知识再多也没用。”这位校长的话告诉孩子的父母，合作意识与合作能力是孩子的一项重要素质。

相信为人父母的都希望教导孩子能与人建立良好的人际关系，乐意与人合作。因为我们都明白，孩子若能与人一起朝向一个共同的目标努力，较容易适应各种转变及获取到较好的成果。然而，为何有些孩子可以主动与人合作，有些却不能？难道那些“独家村”的孩子太幼稚，仍未学会如何建立人际关系？

实践证明：人与人之间明显冷淡的相互关系，必然导致人产生消极的劳动态度，给共同的事业带来不可估量的损失。因此，与人合作的能力，已经成为当今世界人才的重要素质之一。

而一个人在童年时期没有形成与人合作的道德习惯和道德情感，待到他长大成人以后，便很难弥补了。因此，培养孩子与人合作的能力至关重要。

培养孩子的合作精神，家庭生活很重要。在家庭中，父母可以多创造与孩子合作的机会，如母女一起做饭、父子一起修理自行车等。在与父母的合作中，孩子可以学到与他人合作的技能，在今后与他人的交往中能运用这些技能。对于孩子主动进行合作的行为，父母应该给予表扬。同时还要鼓励孩子多参加集体活动，孩子真正形成合作与竞争技能的时机往往是在与同伴们集体的活动中，如在学校的运动会上，为同学服务、加油等。

前苏联社会心理学家多伊奇曾经提出这样一种理论：当一个活动的目标和手段使参与者积极地互相依赖时，最可能产生合作关系。因此，合作成员必须表现出更大的相互依赖感、更密切的合作关系和协调一致。

从前有一座市镇，想组建一个交响乐团。能成为交响乐团的成员是一份荣誉与特权，加入者不必拥有自己的乐器。乐团指挥提供一份永久性的邀请，任何人都可以签约加入，那是一份终生的合约。很快，交响乐团就组建起来了。

指挥者交给每位演奏者他所编写的“完美乐曲”的一部分，要每个人好好练习，等到音乐会那天做首场演出。每位演奏者都认真练习，但不久以后，演奏者就留意到其他人练习的部分与自己的不同。

“看那些小提琴手，”法国号手抱怨说，“他们练习的方式既无节奏也无条理……每次内容都不一样，为何他们不与我们练习同样的音阶和乐曲？这些人连基础都没打好！”

“我宣告，”小提琴手嗤之以鼻地观看法国号手的练习，“真难以相信他们每次练习的都是相同的东西。那一定很无聊！他们为何不像我们一样，享受即兴发挥的乐趣？”

“你能想象吗？”鼓手说，“那些吹奏低音管的人只懂得在房间里练习，结束了便回家，从来没有在观众面前演出，他们一定没什么进步。”

“有时候真叫人怀疑他们有没有签订合约，”吹低音管的人叹气，“那些鼓手真忙碌，每晚都去市内，在最糟糕的地方演奏，或许他们从来不花时间练习。”

演奏者曾经不期而遇，当然他们的话题也集中在如何诠释乐曲。

“这是一首胜利进行曲，”小号手断然地说，“应当奏出庄严和胜利的气氛。”

“不，不，”竖琴手说，“那是一首情歌，应当甜蜜、愉快、温柔。”

“根本是疯狂！”吹单簧管的人打断他的话，“那是一首圣诗，属于虔诚和崇拜的一类。”

虽然有许多分部的练习，演奏者却从未进行过全团练习，因此也就没有人知道该作品将于何时演出。由于他们对演奏风格和方式争吵甚为激烈，这个话题最好不要再提起。

交响乐团的各部仍然保持单独练习，当演出的日子来临，指挥家举起指挥棒的时候，试想，他们会演奏出一首完美的乐曲吗？

折断一根木棒容易，折断一捆木棒很难。其实，大多数人都忽略了这个问题。在现今世界，孩子正承受着许多前所未有的压力和漠视，成人把对孩子的培育，大多都将专注点投射在其学业成绩，而忽视了处理孩子的各类情感需要，没有适时引导他们如何去调节与疏导不快的情绪。家庭是孩子学习与人相处的基地，疼爱孩子的父母们，不妨参考以下所提供的方法，以辅助孩子与人建立和谐的人际关系，与他人友好合作。

1. 父母要起表率作用。父母本身具备的品德，一般在孩子身上都可能找到。因此，父母首先要为孩子创造出一个良好的家庭环境。一个整天吵闹不休的家庭，是很难造就出一个具有和蔼品质的儿童的。父母对他人的热情、平等、谦虚等处世原则和行为，是孩子最好的直观而生动的教材，会在潜移默化中培养出孩子尊重别人、爱护别人、能与别人和谐相处的良好品性。

2. 提醒孩子凡事要想到别人。如果孩子自私自利，凡事都只想到自己，遇事就会斤斤计较，也难于与别人友好相处，又怎么能谈得上与他人合作呢？在孩子小的时候，父母不妨对孩子进行这方面的“分享训练”：如孩子手中拿着玩具时，父母可以拿另外的东西慢慢地递给他，从他手中取走玩具。通过这样反复训练，孩子便学会了互惠与信任。同时适当地给孩子以引导，让孩子觉得分享对他来说不是一种剥夺，而是平添更多更新更好的机会和乐趣。

3. 要让孩子多参加一些集体活动，使孩子在集体活动中自觉地意识到与他人真诚合作的必要性。同时，要培养孩子在集体活动中做一个有责任感的人，做一个让人依赖的人。使孩子知道，一个人要想让别人依赖自己，自己必须要言而有信，与人友好相处。应该注意的是，在活动中若自己的孩子与别人的孩子发生争执时，父母千万不要过早干预，在很多情况下，孩子会自己解决矛盾，从而获得与人相处的经验。

4. 要教育孩子多关心父母、关心他人。一个学会关心他人的孩子，自然就能与别人合作了。另外，一定要鼓励孩子在平等的原则上选择朋友，教育孩子严于律己、宽以待人，不要轻易怀疑、怨恨、仇视他人，更不允许孩子欺负弱者，培养孩子善于同与自己意见不同的孩子合作。广泛的社交、和谐的人际关系，也是形成孩子与人合作能力的关键。

5. 让孩子学会一些合作的技巧和规则。父母要让孩子明白在合作中既要尊重对方，服从大局，讲统一，又要有自己的立场。容忍与随和是有尺度的，也就是说在合作过程中，不能唯我独尊，只想自己，要充分顾及他人的要求与需要，哪怕必要时做出一定的让步和牺牲。但是，迁就与让步是有限度的，不是放弃原则，在合作中要有自己的立场与个性，要知道取得同伴的信任与尊重是合作成功的前提。

在当今社会，团队精神是一种优秀的品质，如果孩子具有团队精神，将更有益于他立足于世。因此，父母应该在日常生活中多给孩子合作的机会，让孩子在合作中建立团队精神。

为孩子的交往提供必要帮助

一户新邻居搬了过来，琼斯太太注意到他们家有一对活泼可爱的双胞胎，于是，她对自己的儿子塔克说：“宝贝，你要有新朋友了，你为什么不出去向他们打个招呼并带他们到周围转转，帮他们熟悉一下环境呢？”塔克歪着头想了一会儿，出去了。但他站在篱笆旁看着那两个孩子忙忙碌碌地整理东西，试了几次都没有开口。最后，塔克回到了房间，很遗憾地对妈妈说：“我很想成为他们的朋友，但我不知道该怎样跟他们搭腔。”妈妈立刻意识到，自己需要为孩子的交往提供一些必要的帮助。妈妈没有说话，而是以实际行动做了儿子没有做到的事——主动和邻居交往，并让儿子和邻居的孩子成为了朋友。事后，塔克说："以后我知道该怎么做了。"

很多人在陌生人面前都会退缩，多数孩子也是这样，并且在羞怯心理的驱使下，孩子很不善于向陌生人表达自己的思想和感受。但每个人都会遭遇很多陌生的事物和人，每个人都要学会如何与陌生人相处甚至是和他们交朋友，孩子也不能例外。当孩子出现怯场的情况时，父母有必要为孩子的交往提供必要的帮助。

作为父母，虽然不能主宰孩子在社会中的地位和活动，但可以通过各种方式和途径鼓励和帮助他们，让他们更容易地获得属于自己的东西，这其中就包括帮助他们结交朋友。只要父母给予孩子足够的支持和鼓励，就会帮助他们结交到很多有益的朋友。

1. 以身作则

那些善待朋友、重情重义的父母，本身就是在教给孩子如何保持友谊。麦克的父亲总是对朋友关怀备至，虽然他的朋友都不是很出色，但他从没有说过他们的坏话。并且，他经常给远方的朋友写信或者打电话问候，当朋友有困难时他会尽一切可能去帮忙。正是从父亲的这些行为中，麦克学会了如何与人相处、如何赢得别人的友谊，无论在学校还是舞蹈班，麦克都是一个受人欢迎的、值得人们信任的人。

2. 给孩子创造结交朋友的环境

共同的爱好、兴趣是友谊的基础，当孩子在某些方面有专长时，就会增强他们的自信，并利用这种专长结交朋友。如果孩子朋友不多，做父母的就可以帮助他们培养某些爱好、兴趣，挖掘他们的专长，这样就会给孩子创造更多的结交朋友的机会。比如，父母可以鼓励孩子到草坪上和其他的小朋友一起做游戏，或者参加艺术训练班，这样孩子就可以找到很多和自己志同道合的人，也会结交很多好朋友。

3. 积极引导孩子与周围的人交朋友

孩子们一般认为交朋友是自然而然的事情，他们不会有意地与人接近，有意地把自己推介给别人，期望着周围的人能够发现自己，自觉走到自己的身边。在这种观点的支配下，很多来到新环境的孩子总是被动的、消极的，因此他们总会显得不合群，觉得孤单。这就要求父母为他们引路，在尊重孩子的同时也要调整介入的方式。当约翰在一所新学校开始他的学校生涯时，他最好的朋友都去了另外一所学校，这让他非常孤单。一天晚上，妈妈打开了自己少女时代的日记，读了一些她当时进入一所新学校的想法。之所以这样做，是因为这位妈妈认为自己的日记是最好的说明，可以让约翰明白，每个人在不同时期都会遇到一些困难。果然，这些日记减轻了约翰的烦恼和痛苦，并且给了他结识新朋友的勇气和经验。

4. 善待孩子的朋友

孩子的自尊心都很强，在朋友面前特别在意自己的尊严和面子，因此作为父母一定要善待他们的伙伴，这样就会让孩子觉得很有尊严，也会让他们更乐意与人交往。

教孩子正确处理人际冲突

孩子们之间很容易发生冲突，产生矛盾，此时教育自己的孩子最需要的就是讲道理，而不是纵容。

我们先来看看下面的事例：

乐乐和青青都满 7 岁了，同上小学一年级。据老师反映，这两个孩子都属于个性比较强、不太听话、坐不住的那种类型。乐乐的个头虽然不高，但却十分调皮；青青个子高一点，但要比乐乐老实一些。平时两个人还玩得很不错的，虽然在一起时总爱小打小闹，但老师都能及时制止他们。

一天放学后，很多小朋友都想在学校中多玩一会儿，来接孩子的父母只好等在旁边。这时，突然从滑梯上传来吵闹声，正是乐乐和青青闹别扭了。

“我要先滑！”

“应该我先滑！”

只见两个人嘴里一边嚷着，一边互相推来推去，互不相让。乐乐虽然长得小，却一点也不弱，一把将青青推到了旁边，自己先向下滑去。青青当然也不甘示弱，紧跟着滑了下来，在乐乐还没有站起来之前，撞了上去。这一撞把乐乐一下就撞倒在地上，乐乐一边哭着从地上爬起来，一边就冲向了青青。于是，两人扭打在一块儿了。

乐乐的妈妈看到自己的孩子被人欺负，一团火顿时从心中升上来，冲过去一把将青青拉开，凶狠狠地对青青说：“你这孩子怎么这样没教养！把别人撞倒了不说，还要打人。真是的！”

青青看见大人显然吓坏了，怯生生地回答说：“是乐乐先推我的。”

“你这孩子，小小年纪，打了人还要狡辩。怎么了得！”乐乐的妈妈絮叨着。

青青的妈妈突然看见自己的孩子正被一个大人数落，心里很不是滋味，气愤地冲乐乐的妈妈嚷嚷：“你这么大个人了，怎么跟小孩子一般见识，冲他嚷什么呀！”

“你眼睛长到哪里去了？没看见是你的孩子在打人吗？”乐乐的妈妈横眉冷对。

“那又怎么样？怕被人欺负就不要让他出门啊！没素质！”青青的妈妈也不甘示弱。

就这样，为了孩子间的一点小打小闹，两个大人却在那里吵得天翻地覆的，最后竟然还你推我搡的了。把两个孩子吓得呆呆地站在一边不知怎么办才好。幸好几位老师及时来了，才将事情平息下来。当两个妈妈还在生闷气的时候，两个小家伙却早已重新爬上滑梯，又高兴地一起玩起来了。

怎样教孩子正确处理小朋友之间的争吵和打架呢？

1. 以一颗平常心来对待孩子之间的冲突

孩子之间是很容易起摩擦的，这不值得大惊小怪。父母不要对此斤斤计较，这样更有助于孩子间的友谊，促进彼此的了解，从而使孩子相互成为好朋友。如果问题比较严重，父母也只宜采取劝阻的方法，不要去添油加醋，促使矛盾的进一步激化。最好能将自己的孩子带走，对他进行安抚及引导。

2. 正确诱导孩子的自卫心理

小孩子在被人欺负后心里会很不舒服，就想立即讨回自己的不公，进而转化为动手。这是孩子的一种自卫心理，大人要让孩子树立自我保护的意识，但却要教育孩子不能动手打人，更不可主动去攻击别人。像乐乐的妈妈就做得非常欠妥。当她看到儿子被撞后，不去安慰自己的孩子而是去责备别人的孩子。发生这种事情，不妨将自己的孩子拉开，问问他的感受或替他说出感受，让孩子明白父母是知道他的感受的。接着对孩子做正确的引导，比如你可以说：“他撞了你，你很疼，那你打了他，他不也同样会很疼吗？”孩子从中找到平衡，很快就会将一切丢到脑后，愉快地玩耍了。

3. 让孩子意识到自己的错误，并主动道歉

青青的母亲要做的就是要让孩子知道不管前面是谁先不对，但撞人本身就是不对的。就算是无意的，也应带孩子去向别人道歉。可以对孩子这样说："我知道不是你先动的手，可后来你却把人家撞疼了，这就是你的不对。去跟小朋友道歉，好吗？做好朋友不是更好吗？"这样孩子是会接受建议的。

4. 千万不可纵容和压制

在处理孩子与孩子间的矛盾时，父母一定要注意方法，过于疼爱和过于严厉都是不可取的。因为对孩子的迁就与疼爱而去替他撑腰，很容易助长孩子的攻击性，使孩子养成欺负弱小的习惯。而对孩子太严厉也不能收到很好的效果。因为，孩子也有自己的感受，如果他得不到发泄，很容易造成心理扭曲，这样不仅伤害他们的自尊心，还让孩子失去自我保护的意识，从而变得胆小懦弱，并损害他的人格，导致他遇事不能自己处理。所以，父母们一定要注意把握一个度，让孩子的生理与心理都能健康地成长。

别让孩子对老师产生偏见

在学习过程中，孩子很容易对老师产生偏见，比如："老师对我特严厉"、"老师不喜欢我"、"老师总喜欢批评我"等等。在中国的学校里，每个班级大概都有三四十名孩子，因此老师可能会对孩子有宽严之分、亲疏之别，但也可能是老师对同学一视同仁，孩子的自我感觉出现偏差。但无论是哪一种情况，父母都不要附和孩子，这样做只会加深孩子的偏见，甚至会彻底毁坏师生关系。

在某重点小学里发生过这样一件事：有一位母亲，非常在意孩子在学校的状况，生怕孩子在学校吃一点亏。有一天，当孩子放学时，母亲立即问他："今天怎么样？"孩子答道："我不喜欢朱老师，她也讨厌我，今天我一直举手，老师却只叫别的同学。"听到孩子这样说，这位母亲立刻火了，马上打电话到学校，一口气说出她对老师的不满。当校领导找朱老师了解情况时，老师感到很意外，而且对这位母亲的指责也感到非常委屈和气愤。

事实上，朱老师根本没有厌恶这个孩子的心理，而这个孩子的成绩也很好，老师还期望他能担任学习委员。当天课堂上之所以没有叫他，只不过想给成绩差的同学一些发言机会，没想到孩子的母亲竟然为这个指责她。从这一天之后，这位学生和老师之间的关系几乎濒临破裂之境，以致使这位学生在上课时，再也不敢举手发言了，甚至产生厌学的情绪。

父母通常只能经孩子口中了解学校中的种种状况。假如孩子对父母诉说"不管我做什么，老师总喜欢骂我"或"我想回答问题也没用，老师根本不点我的名字"时，父母的态度是相当重要的。

而生活中某些父母根本不分青红皂白，只相信孩子的话，生气地回答说"老师为什么只会骂你呢？"或是"可能是老师不喜欢常常叫你吧"！其实，这样的回答方式，无法造成好的结果，反而使受害最大的人变成是孩子自身。因为父母如此的回答，只会加深孩子的多心，从而不信任老师，当然对孩子的学习与教育都会带来不良的影响。

其实，父母应该避免在孩子面前评判老师的是非，遇到孩子抱怨老师的时候，父母应该多"劝和"，用一些中肯的话教育孩子，避免孩子对老师产生抵触情绪。

比如有一个孩子回家向父亲抱怨说，自己今天上课时不过多向窗外看了几眼，老师就狠批了他一顿，他还说这个老师从来就不喜欢他，是故意找茬儿。这位父亲听完孩子的抱怨后，是这样教育孩子的：老师批评你，表示老师非常关心你，希望你能严格要求自己，不断进步。现在你抱怨老师对你太严厉，可是如果你上课玩游戏，老师装作没看见；让你背课文，你没背过，老师也不检查；作业没做完或做错了，老师也不检查纠正。这样长期下去，你的学习会好吗？等到你长大走上工作岗位，回忆起现在时，你肯定会说，当时老师是多么不负责任。再说了，老师正讲课，你却看窗外，是不是太不专心了？如果全班四十多名同学都像你这样，那课堂不乱套才怪，老师还怎么讲课，学生还怎么听讲？上课不做任何与学习无关的动作，这是学生应该遵守的纪律。所以，别再抱怨了，你应该理解老师的苦心才对呀！

孩子听完父亲的话后，不好意思地挠头笑了，还告诉爸爸要主动给老师写份检查，以后上课再也不溜号了。

生活中，很多老师都认为现在的孩子太不尊重老师，有的甚至当面顶撞老师。一项教育调查显示，越来越多的孩子对老师存在偏见，而如果听任孩子对老师产生偏见，那么无论是对教育事业的发展，还是对孩子的自身成长，都会有十分巨大的危害。因此，父母们在孩子对老师产生偏见后，就要运用劝和法，以一种温和的姿态，劝导孩子，消除孩子的偏见。首先，让孩子在自由的氛围中发泄对老师的不满，这种发泄还可以起到一种平衡心理的作用。父母认真地倾听，孩子会感觉到自己的烦恼得到了尊重，就会毫不隐瞒地把事情的经过、抵触老师的原因讲出来。等孩子的情绪稳定下来之后，父母要与孩子一起冷静地分析事情的利弊，客观地看待抵触情绪。接着，父母应当引导孩子学会换位思考，与孩子一起站在老师的角度重新审视，必要时还可以创设场景去体会老师的情绪和难处，让孩子学会多体谅别人，为他人着想。这样的话，在家中就可以改善孩子和老师的关系，减轻孩子对老师的偏见。

孩子很容易因为对老师产生偏见而厌学，而父母则应教育孩子以善意来衡量老师的话、老师的做法，消除孩子的偏见，这样才不会影响孩子学习的效果。

老师需要对孩子负责，需要管教孩子，当然有时也就会误解孩子，与孩子产生一些矛盾。在这种情况下，父母一定要多“劝和”，引导孩子正确对待老师的误解，并积极化解彼此间的误会，不要让误会越演越烈。

老师与孩子之间产生误会、矛盾的时候，父母就应该起到一个“灭火队员”的作用，让孩子学会理解老师，避免感情用事，并与老师加强沟通，及时消除误会。

辰辰是初中二年级的学生，性格很稳重，学习成绩也还不错。有一位严厉的数学老师，一直对他不错，可是有一天上课的时候，辰辰不小心把书桌上的一本英语书碰掉在地上，辰辰连忙弯腰去捡书。结果不小心又把另一本书也碰到了地上，教室里立刻响起了一片笑声。数学老师紧绷着脸把辰辰叫了起来，让他回答问题，由于紧张，辰辰结巴了半天也没回答出来。老师生气了，让辰辰离开教室。听到教室的门“哐”一声关上后，走廊里的辰辰惊呆了，难道自己这么令人讨厌，老师竟然把自己赶出教室，不让听课！自己平时又不是差等生，为什么要受到这样的惩罚？初二的孩子也有很强的自尊心了，竟然撞上这种丢人的场面，辰辰痛苦地流下了眼泪，连书包都没拿便回了家，向爸爸哭诉了一切，甚至还要爸爸给他转学。

辰辰的爸爸听完儿子的哭诉后，认为这个问题虽小却很严重，处理不好就会影响辰辰的学习态度。于是考虑了一下后劝导辰辰说：“我知道你现在觉得很委屈，但爸爸还是劝你冷静一下。你说要转学，我们先不说能否再找到一个适合你的学校，即使你真转学了，也是带着不愉快的记忆，

你也会觉得很难再面对现在的同学和朋友了。所以，逃避不是办法，我们还是来解决眼前的问题吧！老师误解了你，你很生气，但你也要为老师着想一下，你看教室里那么多人，老师又不是神，根本没办法对每个同学每一件事都处理得公平合理。况且这个老师以前对你不是很好吗？我相信她一定不是故意针对你，说不定她现在也在后悔不该对你火气那么大呢！”辰辰终于冷静下来，可是他还是有疑虑：“可我再见她说什么呀？”爸爸笑了：“这么聪明的你还不知道吗？解释啊！误会是可以解开的。”第二天，辰辰在走廊里遇到了数学老师，他紧张地走上前去，解释自己昨天并非故意扰乱课堂秩序，结果，老师有点不好意思地笑了，并承认自己确实误会辰辰了，还让辰辰放学后等一会儿，把耽误的课补上，一场误会烟消云散了。

在师生交往中，出现些误解、矛盾是常事，但要记住，小摩擦处理得好，可以“化干戈为玉帛”，处理不好，就会留下“隐患”。因为学习的事，师生间出现些误解，父母要让孩子站在老师的角度设身处地地想一想，老师是不是故意地站在自己的对立面，自己的言行有没有什么误导。通过互换位置理解，就会认识到，班级里那么多的同学，老师要想真正做到有的放矢地进行教学和教育工作也是很困难的。他们对问题的判断也不一定就准确无误。师生间出现些暂时的误解，学生应本着有理让人、无理认错的态度，这样才能真正地改善师生关系。

生活中，像这样的情况也时有发生，遇到这样的事情时，父母一定要冷静地分析情况。

首先，父母一定要教导孩子依据客观事实进行冷静分析，看老师到底有什么看法，不能只凭主观臆断就得出老师故意和自己过不去等结论。一般来说，师生之间产生矛盾或误解都是由学习活动引起的。老师都希望学生能学好他们教的课程，认真听讲，尊重他们的劳动。老师围绕着学习所进行的批评，应该说动机都是善意的，也都是对孩子的高标准、严要求。但有的老师批评孩子时也会出现些失误或言词欠妥，在事实上有些出入，从而引起孩子的抵触情绪。被误解的孩子会认为老师是看不起自己或故意和自己过不去。老师是教知识的，学生是学知识的，老师无论提出什么批评都是针对学生的学习状况展开的，师生之间又没有个人的恩怨，怎么能会产生成见呢？如果父母能帮孩子客观分析，就会使孩子消除偏见，增进师生间的沟通。

其次，父母要主动地、心平气和地与老师沟通。有一些孩子，在学校里与在家中的表现完全不同。在家里又懂事又听话，是一个很乖的孩子，可一到学校，就情绪低落，不爱学习，表现糟糕，经常受到老师的批评，也经常顶撞老师。在这时候，父母要主动地、心平气和地与老师沟通，向老师提供孩子在家的一些日常表现状况，让老师也了解孩子的另一侧面，消除对孩子的误解，从而对孩子的行为有一个全面的评价，在此基础上，与父母积极配合，教育好孩子。

让孩子自己把握与异性交往的分寸

美国心理学家赫洛克把交友，包括交异性朋友的好处总结为八条：一为双方带来了稳定感；二彼此共同度过的快乐时光；三获得与他人友好相处的经验；四发展宽容大度与理解力；五得到了掌握社交技能的机会；六获得了批评他人和受他人批评的机会；七为将来提供了求爱的经验；八培养了诚实的道德观。

上了初中的小莉变得很爱交朋友，不仅与女同学的关系亲密，还有很多要好的男同学，有时候还和这些男同学一起到家里复习功课、在街上闲逛或者出去郊游。父母对此非常的担忧，怕女儿与这些男孩子们交往时一不小心闹出什么乱子来。

小莉的情况是很多进入青春期的孩子们都会遇到的，青少年喜欢广交朋友，因为“喜欢与人相处”、“渴望被人爱”是人的本性，再加上青少年对异性充满强烈的好奇心，所以很乐意在一起相处。

作为父母虽不能过多干涉孩子交异性朋友，但不可不关心，要正确引导，让孩子自己把握与异性之间交往的分寸。

进入青春期，人的性意识开始觉醒。青春期性的需求，主要表现在与异性交往中满足自己对异性的好奇心，以及释放性心理能量。正常的男女间的交往有利于相互了解，消除男女之间的神秘感，还可以得到智力上互渗、情感上互慰、个性上互补和学习中互激的作用。善于与异性交往的青少年往往是开朗、活泼的，心理上不受压抑。但一定要区分开友情和爱情，否则就会造成严重的后果。

友情是以友爱为出发点，是有共同目标的朋友之间的深切感情，爱情是以性爱为基础，是以结婚为目的的活动。爱情是两性之间所存在的一种特殊关系，需要通过理智、道德、意志来实现，需要负社会责任和法律责任。

“青春期”的异性关系是一个最容易被误解、又最容易出问题的问题，大多数父母、老师意识到自己的孩子或学生已经情窦初开时，或者只是在心里暗暗着急，或者旁敲侧击地去劝阻，或者不由分说地去制止，很少与青少年开诚布公地沟通，更不会为他们提供指导。但是在茫茫人海中，除了男人就是女人，异性交往不但不可避免，而且还是现代社会每个人一生中最基本、最重要的交际形式之一。所以，如果父母真的关注孩子的生活幸福、事业成功，就必须让孩子具备与异性相处的本领，教会孩子正确把握与异性交往的尺度。

青少年的交往通常是凭直觉进行的，是纯洁和美好的，对这种友谊父母应当格外尊重和鼓励。让孩子与异性自然交往，告诉他们不要把异性视为特殊对象而感到神秘和敏感；不要形成一种人为的紧张和过分激动的心态；也不必因对某个异性有好感，愿意与之交谈、接触，就认为自己爱上了对方，或以为对方对自己有情，错把友谊当爱情来追求。父母也不要把青春期的异性交往看作是“早恋”，是一种“错误的要求”或“会闹出乱子的坏事”，而想办法去“制止”、“拆散”。

父母要教育处在青春期的孩子用平常心态对待异性朋友，控制性冲动，培养自己的健康人格，端正性观念和批判“性解放”思潮。有人认为只要女孩愿意、男孩不吃亏，男女之间的性交往是很正常的。其实不然，男孩一旦放纵自己，不仅会给女友带来灾难，也会使自己产生强烈的罪恶感。

其实，学会与异性交往是“青春期”最重要的社会目标之一。按照人类心理社会发展的自然进程，一个正常人从初中开始就需要学习建立异性友谊，因此与异性交往并非是“长大以后的事”。相反，如果真的等到离开学校走上社会以后才开始学习与异性交往，很可能就会因为缺乏锻炼而成为这方面的“困难户”。但是与异性交往时，要掌握好尺度，否则会适得其反。如果是男孩子的话，作为父母可以这样指导他：

首先，没必要过分拘谨。在和女生的交往中该说就说、该笑就笑，需要握手就握手，这都是很正常的，要是忸怩的话反而让人家讨厌。当然，要是过分随便的话，一定会把小女生吓跑。

其次，不要太严肃。太严肃让人不敢接近，望而生畏，可以不失时机地表现一下幽默感，这样比较容易受欢迎，但不要发展成油腔滑调。

再次，学会绅士风度。很多时候女性被视作弱势群体，所以“男子汉”们要学会谦让、学会保护女士。比如一起在马路上闲逛时，男孩子应该走在靠车行道的一边；进出门时，男孩子要给女士开门，让女士先进先出等。可以从“照顾”妈妈开始，训练男孩子的绅士风度。

假如说是女孩的话，父母要让她们务必注意与男孩子交往的尺度，做到既能展现女孩子的魅力又能避免吞食苦果。

首先，不要过分热情。如果女孩子在交往中表现得过分热情，就会让对方觉得是轻佻之人，往往会产生非分之想，不利于正常交往。

其次，要保持警觉。“食色，性也”，不排除很多男孩子都有好色之嫌，所以女孩子要时刻保持警觉性，这样才能及时发现色狼的不良动机，采取防御行动。

再次，不要总是不理不睬。虽然在交往中一般都是男孩子采取主动，但是如果女孩子一直不理不睬的，保持着“冰山冷美人”的形象，不用多久就没有男孩子敢接近了。

除此之外，父母还要让孩子在与异性交往的过程中，保持广泛接触和群体形式，注意交往的分寸；少与异性单独接触，没有特殊需要不单独约会；注意把握和控制自己的性冲动，避免由于朦胧而产生的偏差，珍惜少男少女的纯洁；理智地、有分寸地对待出乎意料的感情越轨，尤其对“性诱惑”要敢于说“不”。